"TALVEZ EU NÃO TENHA VIVIDO EM VÃO..."

Copyright © 2009 by EDITORA LANDMARK LTDA

Todos os direitos reservados à Editora Landmark Ltda.

Diretor editorial: Fabio Cyrino

Diagramação e Capa: Arquétipo Design+Comunicação

Impressão e acabamento: Associação Religiosa Imprensa da Fé

Introdução e organização: Fabio Cyrino

Revisão: Paulo César Franco

Dados Internacionais de Catalogação na Publicação (CIP)
(Câmara Brasileira do Livro, CBL, São Paulo, Brasil)

"TALVEZ EU NÃO TENHA VIVIDO EM VÃO..." : AS ÚLTIMAS PALAVRAS DE GRANDES
LÍDERES, CIENTISTAS, ARTISTAS E PENSADORES DE NOSSA HISTÓRIA /
[organizador Fábio Cyrino] - - São Paulo : Editora Landmark, 2009.

ISBN 978-85-88781-43-6

1. Biografias 2. Celebridades I. Cyrino, Fabio.

09-02812   CDD: 920

Índices para catálogo sistemático:

1. Personalidades ilustres : Biografia : Coletâneas   920

EDITORA LANDMARK

Rua Alfredo Pujol, 285 - 12° andar - Santana
02017-010 - São Paulo - SP
Tel.: +55 (11) 2711-2566 / 2950-9095
E-mail: editora@editoralandmark.com.br

www.EDITORALANDMARK.com.br

Impresso em São Paulo, SP, Brasil
Printed in Brazil
2009

"TALVEZ EU NÃO TENHA VIVIDO EM VÃO..."

AS ÚLTIMAS PALAVRAS DE GRANDES LÍDERES, CIENTISTAS, ARTISTAS E PENSADORES DE NOSSA HISTÓRIA

LANDMARK

2009

INTRODUÇÃO

O fascínio pela biografia de grandes homens e mulheres sempre foi matéria para grandes discussões e estudos, fazendo constantemente o ser humano se interessar pelos detalhes das vidas daqueles que de alguma forma influenciaram e ainda influenciam a sociedade e as vidas particulares de cada um. Detalhes sobre aspectos determinantes da vida de grandes líderes, cientistas, artistas e pensadores que atravessaram os séculos se tornam referência para o aperfeiçoamento do mundo no qual vivemos, e sendo assim, o interesse das pessoas pelos instantes finais desses grandes personagens vai além de um mero interesse mórbido e atinge um grau de fascinação diante da importância que estes tiveram na formação de sociedades e pensamentos.

Muitos acreditam que aquele que se encontra na iminência da morte possui um acesso especial a toda sorte de mistérios relativos à morte e ao pós-vida, um acesso a certos "espíritos visitantes", a anjos ou a ancestrais, devido principalmente às várias observações proferidas por estas pessoas que, diante da eternidade, aparentemente se dirigiram a visitantes invisíveis aos olhos daqueles que os acompanhavam.

Nesse sentido, uma expectativa muito comum é que algumas pessoas, diante da morte, reafirmariam suas crenças e valores ou mesmo os renegariam, o que poderia ser comprovado pelas declarações de diversas personalidades que lutaram pela liberdade, como o caso de Nathan Hale, Tiradentes e Libero Badaró, que reafirmaram em seus últimos momentos sua disposição de morrer pela causa da Liberdade que defendiam.

Em outro oposto, muitas pessoas, diante de tal momento derradeiro, aguardam um "último" lampejo de iluminação, sobretudo por parte dos grandes pensadores e filósofos de todas as eras, quando o que se pode observar é justamente o contrário. Por exemplo, as últimas palavras do filósofo alemão Georg Hegel (1770–1831) foram muito esperadas diante da notoriedade de sua vida e a influência que o mesmo demonstrou na análise da sociedade e do pensamento de sua época, além da importância acadêmica que o mesmo apresentou ainda em vida. Ao alcançar a hora derradeira, ao invés de apresentar uma declaração à altura da importância que sua vida significou para o pensamento ocidental, o filósofo teria apenas se queixado do fato de não ser compreendido e de tão poucas pessoas realmente terem entendido o que desejava expressar e, deste modo, a expectativa de que as últimas palavras possam prover uma iluminação ou mesmo uma visão mais ampla frequentemente estão mais próximas da literatura, do cinema e das obras de ficção do que propriamente da realidade.

O registro das últimas manifestações proferidas por líderes, reis e estadistas frequentemente é coletado por aqueles que os acompanhavam em suas horas finais, em virtude da notoriedade de suas vidas, e em alguns casos essa mesma notoriedade acaba por produzir um efeito curioso, ou seja, a criação de últimas palavras fantasiosas ou que não correspondam precisamente ao que o moribundo realmente expressou em seu último momento. Tais registros muitas vezes tendenciosamente criam um certo "arrependimento" sobre ações, palavras ou pensamentos difundidos ao longo de suas existências, voltadas principalmente com intuitos políticos ou religiosos. Manifestações sobre o arrependimento de grandes céticos, como David Hume ou Nietzsche, em seus instantes finais são correntes, e dependem mais do modo como essas declarações são interpretadas do que realmente com o intuito que pretendiam apresentar. Do mesmo modo, a ausência de declarações de certas personalidades acaba por criar manifestações que na verdade nunca existiram e para tal apresentamos nesse trabalho uma dessas pseudodeclarações com o intuito de ilustrar esse fato.

Infelizmente, a difusão de registros que não correspondem à verdade dos fatos tem ganhado um forte impulso nos últimos anos em virtude da velocidade com que a informação está se propagando através da internet. Assim, frases não comprovadas ou verificadas através de biografias pesquisadas, de fontes seguras, estão sendo amplamente difundidas.

Outro fato curioso é uma concentração de últimas declarações em determinados países ou culturas. Quase a totalidade dos presidentes norte-americanos possui suas últimas palavras registradas, do mesmo modo que reis, rainhas e pensadores europeus, o mesmo não ocorrendo com as personalidades brasileiras, aonde há uma ausência de registros, com raras exceções, das últimas palavras de nossos líderes, como se a vida destes se resumissem apenas à vida pública, encerrando-se o interesse sobre as mesmas a partir do momento que deixaram de estar em evidência. Praticamente não há registros das últimas palavras de nossos presidentes, o mesmo se podendo dizer de nossos escritores, artistas e pensadores e isso, em uma primeira vista, demonstra o grau de isolamento e pouca importância que tais pessoas representam para a grande maioria da população, em uma sociedade que tende a esquecer os expoentes da História e o exemplo que estes deixaram marcado no cotidiano brasileiro.

Independente da nacionalidade, fé ou crença de quem as proferiu, as últimas palavras se voltam para toda sorte de declarações. Podemos verificar desde afirmações que expressam o sentimento de um certo "dever cumprido", até emocionados pedidos de proteção a Deus e a seus familiares, além das tradicionais despedidas. Também podemos verificar declarações de revolta diante do destino que está por se confirmar, muitos desses casos, sendo diretamente ligados a sentenças de morte e execução, como pode ser verificado naqueles que foram executados por tantas revoluções e movimentos sociais ao longo da História. As declarações finais de líderes políticos por vezes também apresentam uma vinculação com a vida pública que desempenharam ou com específicos momentos de suas vidas íntimas. Assim, podemos verificar manifestações sinceras de amor e saudade, como a do imperador romano Otaviano ao se despedir de sua esposa, ou de carinho e preocupação para com o destino de sua amante, como a do rei Carlos II da Inglaterra.

Este trabalho pretende apresentar uma compilação de registros devidamente comprovados através de biografias, estudos especializados, trabalhos e teses históricas, além das ferramentas eletrônicas de pesquisa que forneçam as devidas fontes e origens das declarações. Esta compilação não pretende esgotar o tema nem o assunto, dado o número enorme de trabalhos biográficos que ainda necessitam serem realizados, sobretudo com relação às personalidades brasileiras, sejam estas políticas, artísticas ou intelectuais. Além de apenas coletar esses mesmos registros isoladamente, este trabalho vem também apresentar alguns dados biográficos de cada personalidade para situar sua origem, o período em que viveram e o contexto com que suas últimas palavras foram proferidas, tendo-se também a preocupação de selecionar e organizar cada declaração a partir das datas de falecimento de cada personagem para melhor exemplificar a importância de suas vidas e dos períodos em que viveram.

"DESEMBAINHA A TUA ESPADA E MATE-ME PARA QUE NÃO POSSAM DIZER: UMA MULHER O MATOU"

ABIMELEQUE DE MANASSÉS

Nascimento:
?, Siquém, Canaã.
Falecimento:
ca. 1100 a.C., cerco de Tebez, Canaã.
Ocupação:
Juiz de Israel e governante de Siquém.
Nota:
De acordo com o livro de Juízes, após a morte de Gideão, a população voltou a adorar os deuses dos cananeus, especialmente Baal. Abimeleque, um dos 70 filhos de Gideão, dirigiu-se para Siquém em busca de apoio para o estabelecimento de uma monarquia hebreia. Após receber apoio do tesouro daquela cidade para assassinar todos os outros filhos de Gideão, Abimeleque foi sagrado rei de Siquém e iniciou guerras de conquistas. Durante o cerco de Tebez, foi ferido mortalmente por uma pedra de moinho, lançada por uma mulher que se refugiara em uma das torres de defesa da cidade.

"ARRANCA A TUA ESPADA E ATRAVESSA-ME COM ELA PARA QUE NÃO VENHAM ESTES INCIRCUNCISOS E ME TRANSPASSEM E ESCARNEÇAM DE MIM"

SAUL DE ISRAEL

Nascimento:
?, Gibeah, Canaã.
Falecimento:
ca. 1007 a.C., batalha do Monte Gilboa, Reino de Israel.
Ocupação:
Líder hebreu e primeiro rei de Israel entre 1047 e 1007 a.C..
Nota:

De acordo com a narrativa que consta no livro de Samuel, com o envelhecimento do último juiz, as tribos israelitas se uniram para pedir um rei que pudesse guiá-los, a exemplo do que existia nas nações vizinhas. Apesar da oposição por parte de Samuel à proposta, pois este acreditava que apenas Deus deveria ser o "único rei" de Israel, ele acabou pedindo um sinal divino que lhe indicasse um soberano para os israelitas, e Saul, líder da tribo de Benjamin, foi o escolhido para governar o seu povo. As vitórias iniciais de Saul sobre os amonitas fizeram com que o povo o confirmasse como rei. Em suas constantes lutas contra os filisteus, Saul perde boa parte de seu exército, além de três de seus filhos, na batalha do Monte Gilboa. Ferido, proferiu suas últimas palavras ao seu escudeiro, que se recusou a assassiná-lo; Saul então cometeu suicídio lançando-se sobre sua própria espada. O corpo de Saul foi decapitado e os filisteus penduraram seus restos mortais e os de seus filhos nos muros de Bet-Shan. Saul foi sucedido brevemente por um dos seus filhos, Isboset, que lançou o reino de Israel em uma guerra civil contra as tropas de David.

"ESTAS SÃO MINHAS ÚLTIMAS PALAVRAS. TUDO O QUE FOI CRIADO ESTÁ SUJEITO À DECADÊNCIA E À MORTE. TUDO É IMPERMANENTE. TRABALHEM DURO PELA PRÓPRIA SALVAÇÃO COM ATENÇÃO PLENA, ESFORÇO E DISCIPLINA"

SIDDHÄRTHA GAUTAMA, conhecido como **BUDA**

Nascimento:
Maio de 563 a.C., Lumbini, atual Nepal
Falecimento:
Maio de 483 a.C., Kushinagara, atual estado indiano de Uttar Pradesh.
Ocupação:
Líder espiritual da antiga Índia e fundador do Budismo.
Nota:
Segundo as tradições, aos 80 anos, Buda anunciou que brevemente atingiria o Parinirvana, ou o estado de abandono do corpo material. Após fazer sua última refeição, caiu profundamente doente; entretanto ele deixou claro que a causa da doença não se relacionava com o que comera. Com o auxílio de fiéis discípulos, viajou até Kushinagara, deitou-se sob uma árvore no bosque local e fez seu último discurso. A celebração da lua cheia de maio – o Vesakh – é a festa em que se comemora o nascimento, a iluminação e a morte de Buda, determinada pela Conferência Mundial de Budistas, em 1950, no Sri Lanka, apesar desta data ser celebrada tradicionalmente antes.

"CRITO, DEVO UM GALO A ASCLÉPIO. VOCÊ SE LEMBRARÁ DE PAGAR A DÍVIDA?"

SÓCRATES

Nascimento:
470 a.C., Atenas.
Falecimento:
399 a.C., Atenas.
Ocupação:
Filósofo.
Nota:
Sócrates foi um dos mais importantes ícones da tradição filosófica ocidental e um dos fundadores da atual Filosofia. As fontes mais importantes de informações sobre Sócrates são as que constam nos escritos de Platão, Xenofonte e Aristóteles. Os diálogos de Platão retratam Sócrates como um mestre que se recusava a ter discípulos e, como um homem piedoso que foi executado por crueldade dos governantes atenienses. Sócrates não valorizava os prazeres dos sentidos, todavia considerava a beleza entre as maiores virtudes da humanidade, junto à bondade e à justiça. Dedicava-se ao desenvolvimento das ideias dos cidadãos de Atenas, mas era indiferente em relação aos seus próprios filhos. Foi condenado à morte pelas autoridades por tentativa de corrupção da juventude ateniense. Asclépio era o deus grego da medicina e da cura e seu santuário se localizava ao lado da Acrópole, em Atenas. Muitos acreditam que as últimas palavras de Sócrates, descritas no final da obra "Fédon", de Platão, refiram-se ao fato de Sócrates considerar a morte como a cura e a libertação da alma de seu estado material, o corpo.

"MORRO SEM SAUDADE, POIS DEIXO A MINHA PÁTRIA VENCEDORA"

EPAMINONDAS

Nascimento:
ca. 418 a.C., Tebas, Grécia.
Falecimento:
362 a.C., batalha de Mantineia, Peloponeso, Grécia.
Ocupação:
General, estadista e governante de Tebas.
Nota:
General e político grego, nascido em Tebas, acumulou vitórias e ficou na história militar como grande estrategista. Estudou música e, com Pitágoras, aprendeu filosofia. Empreendeu a hegemonia de Tebas sobre as cidades-estado do Peloponeso, sobretudo Esparta. Em uma batalha, em que as forças de Epaminondas fizeram retroceder a cavalaria de Atenas e de Mantineia e iniciaram o ataque às falanges inimigas espartanas, Epaminondas foi ferido mortalmente. Suas últimas palavras foram proferidas aos seus generais com o intuito de levar Tebas à vitória e estabelecer a paz na região.

"AO MAIS FORTE!"

ALEXANDRE, O GRANDE
(ALEXANDROS III DA MACEDÔNIA)

Nascimento:
20 de julho de 356 a.C., Pella, Macedônia
Falecimento:
10 de junho de 323 a.C., Babilônia.
Ocupação:
Basileu da Macedônia entre 336 e 323 a.C, hegemon da Liga Helênica, faraó do Império do Egito, xá do Império da Pérsia e conquistador do mundo antigo.
Nota:
Alexandre, o Grande, proferiu suas últimas palavras em resposta aos seus generais que lhe perguntaram, quando da sua iminente morte, quem deveria ter o controle do Império. Acredita-se que, na verdade, Alexandre teria dito Craterus, nome de um de seus generais, porém todos os presentes teriam preferido entender "Krat'eroi", "ao mais forte". A diferença entre os nomes ocorre apenas pela posição da sílaba tônica, o que altera o significado da palavra.

"AGORA, ADEUS... LEMBRE-SE DE MINHAS PALAVRAS"

EPÍCURO DE SAMOS

Nascimento:
ca. 541 a.C., ilha de Samos, mar Egeu, Grécia.
Falecimento:
ca. 270 a.C., Atenas, Grécia.
Ocupação:
Filósofo
Nota:
O propósito da filosofia para Epícuro era propiciar a alegria, uma vida tranquila caracterizada pela "aponia" – a ausência de dor e medo; acreditava também que a dor e o prazer eram as melhores maneiras de se medir o que era bom ou ruim. Para uma vida completa, deveria-se compreender que a vida era regida por desejos naturais (divididos em desejos necessários: para a felicidade, a tranquilidade e para a vida; e desejos simplesmente naturais: aqueles necessários para a busca dos prazeres) e desejos frívolos (divididos em desejos artificiais: riqueza, glória, etc; e desejos impossíveis: a imortalidade). Epícuro sofria de cálculo renal que o levaria à morte aos 72 anos. Suas últimas palavras pertencem a uma carta dirigida ao seu discípulo, Idomeneo de Lampsacus, cujo teor é o seguinte: "Escrevo-lhe esta carta em um dia muito feliz para mim, pois este é o último dia de minha vida. Fui acometido por uma dor lancinante ao urinar, tão violenta que nada pode ser feito diante de tal sofrimento, mas a clareza de minha mente que vem a partir de todo a minha contemplação filosófica, contrabalanceia toda esta aflição. Rogo-lhe que cuide dos filhos de Metrodorus, com a mesma devoção valorosa que tem empregado a mim; cuide também da filosofia com devoção. Agora, adeus... Lembre-se de minhas palavras".

"NÃO ATRAPALHE AS MINHAS EQUAÇÕES"

ARQUIMEDES DE SIRACUSA

Nascimento:
287 a.C., Siracusa, Sicília, Magna Grécia.
Falecimento:
212 a.C., Siracusa, Sicília, Magna Grécia.
Ocupação:
Matemático, físico e inventor.
Nota:
Arquimedes foi um dos mais importantes cientistas e matemáticos da
Antiguidade, realizando descobertas importantes nos campos da geometria e
matemática, além de ter inventado ainda vários tipos de maquinários, tanto para
uso militar como para uso civil. Veio a falecer durante o cerco romano a Siracusa.
Suas últimas palavras foram proferidas em resposta a um soldado romano que o
forçava a se reportar ao general romano, quando houve a tomada de Siracusa.
Arquimedes estava ocupado provando teoremas geométricos no chão; como não
atendeu o pedido do soldado este o matou, mesmo tendo recebido ordens de não
fazê-lo. Há algumas variações sobre suas últimas palavras, sendo aceito também
que teria dito "Mè mou tous kuklous taratte" – "não atrapalhe os meus círculos",
ou dito "Mè mou tous kuklous rúrete" – "não atrapalhe os meus desenhos".

"VAMOS LIBERTAR O POVO DE ROMA DE SUA CONTÍNUA PREOCUPAÇÃO, DE SUA LONGA ESPERA PELA MORTE DE UM HOMEM VELHO"

ANÍBAL BARCA

Nascimento:
ca. 247 a.C., Cartago, atual Tunísia.
Falecimento:
ca. 183 a.C, Gebze, Anatólia, atual Turquia.
Ocupação:
General e comandante-em-chefe dos exércitos cartaginenses.
Nota:
Líder militar cartaginense liderou suas tropas durante a Segunda Guerra Púnica entre a República de Roma e Cartago pelo controle e hegemonia da região do Mediterrâneo. Era filho de Amílcar Barca. São notórias suas ações contra as legiões romanas, como a marcha através dos Alpes, com um exército formado inclusive por elefantes, tencionando um ataque direto às fortificações que defendiam Roma. Foi derrotado por Públio Cornélio Cipião, conhecido pela alcunha de Cipião Africano, líder militar romano. Aníbal se suicidou após uma fracassada tentativa de empreender uma nova guerra contra Roma, desta vez por meio do Império Selêucida, na qual atuou como comandante naval. Suas últimas palavras foram relatadas pelo historiador romano Titio Lívio na obra "Ab Urbe Condita", Livro XXXIX, 51: "Liberemus diuturna cura populum Romanum, quando mortem senis exspectare longum censent".

"POR QUE ESTA VIOLÊNCIA? VOCÊ TAMBÉM, MINHA CRIANÇA?"

GAIVS IVLIVS CAESAR.

Nascimento:
12 de julho de 100 a.C, Roma, República Romana.
Falecimento:
15 de março de 44 a.C., Roma, República Romana.
Ocupação:
Líder militar, membro do primeiro Triunvirato de Roma, Pontífice Maximus e ditador perpétuo da República Romana.
Nota:
De acordo com Suetônio, em sua obra "A Vida dos Dozes Césares" – "De Vita Caesarum Liber I Divus Iulius", LXXXII – as últimas palavras de Júlio César foram "ista quiden vis est!" e, logo após estas, "kai su, teknon?" que foram pronunciadas em grego.
"Et tu, Brute?" são atribuídas a ele por William Shakespeare em sua famosa peça "Júlio César", sendo que a passagem completa é "Até tu, Brutus? Então toda a esperança se perdeu e devo assim perecer".

"MÂNTUA ME ABORRECE, CALÁBRIA ME EXILA, AGORA NÁPOLES ME APRISIONA; EU DECLAMEI SOBRE PASTORES, CAMPOS E REIS"

VIRGÍLIO
(PVBLIVS VERGILIVS MARO)

Nascimento:
15 de outubro de 70 a.C., Andes, Gália Cisalpina, República de Roma.
Falecimento:
21 de setembro de 19 a.C., Brindisi, Império Romano.
Ocupação:
Poeta e historiador.
Nota:
Considerado como um dos maiores poetas épicos da Antiguidade ao lado de Homero, Virgílio desfrutou do "século de ouro", como ficou conhecido o governo de Otaviano, primeiro imperador de Roma. Foi considerado, ainda em vida, como o grande poeta romano e expoente da literatura latina. Seu trabalho foi uma vigorosa expressão das tradições de uma nação que urgia pela afirmação histórica, saída de um período turbulento de cerca de dez anos, durante o qual as revoluções e as convulsões sociais prevaleceram. A tradição afirma que o epitáfio gravado em sua tumba, localizada próxima de Nápoles, seriam suas últimas palavras; "Pastores", "Campos" e "Reis" se referiram às suas três principais obras poéticas, entre elas a "Eneida".

"VIVA SEMPRE SAUDOSA DE NOSSO CASAMENTO, MINHA LÍVIA... ADEUS!"

GAIVS IVLIVS CAESAR OCTAVIANVS THVRINVS

Nascimento:
23 de setembro de 63 a.C., Roma, República Romana.
Falecimento:
19 de agosto de 14 d.C., Nola, Itália, Império Romano.
Ocupação:
Pontífice Maximus, membro do segundo Triunvirato de Roma, tribuno, *princeps senatus* e primeiro Imperador de Roma.
Nota:
Otaviano, sobrinho-neto de Júlio César e seu herdeiro, foi o primeiro imperador de Roma, estabilizando o Império depois das guerras civis que se seguiram à morte de César e às batalhas contra as pretensões de Marco Antônio. Seu período de governo é considerado como o "século de ouro" de Roma. Segundo Suetônio em sua obra "A Vida dos Doze Césares" – "De Vita Caesarvm Liber" II Divvs Avgvstvs, XCIX – as últimas palavras do imperador Otaviano foram dirigidas à sua esposa, Lívia. Frequentemente, também lhe é atribuída a seguinte frase: "Uma vez que cumpri o meu papel, aplaudam, pois deste palco retiro-me sob aplausos".

"PAI, EM TUAS MÃOS ENTREGO O MEU ESPÍRITO"
"TUDO ESTÁ CONSUMADO"
"ELOI, ELOI, LAMÁ SABACTÂNI?"

YESHUA BEN YOSHEF
(JESUS DE NAZARÉ ou JESUS CRISTO)

Nascimento:
Entre 7 e 4 a.E.C., Belém, Província Romana da Judeia.
Falecimento:
Entre 26 e 36 d.C., Jerusalém, Província Romana da Judeia.
Ocupação:
Carpinteiro, pregador, rabino, figura central do Cristianismo, considerado pelos cristãos de todo o mundo como Filho e Encarnação de Deus e Redentor da Humanidade.
Nota:
Existem três versões para as últimas palavras de Jesus antes de falecer, sendo que as versões constam dos quatro Evangelhos Canônicos. De acordo com o Evangelho de Lucas, em 23: 46 "Jesus deu então um grande brado e disse: 'Pai, em tuas mãos entrego o meu espírito'. E, dizendo isso, expirou". De acordo com o Evangelho de João, em 19: 30: "Havendo Jesus tomado do vinagre, disse: 'Tudo está consumado'. Inclinou a cabeça e rendeu o espírito". De acordo com o Evangelho de Marcos, em 15: 34: "E à hora nona Jesus bradou em alta voz: 'Eloi, Eloi, lamá sabactâni?', que quer dizer: 'Meu Deus, por que Vós me abandonaste?'", e que consta também no Evangelho de Mateus, em 27:46: "E perto da hora nona exclamou Jesus em alta voz, dizendo: 'Eloi, Eloi, lamá sabactâni'; isto é, 'Deus, Deus meu, por que me desamparaste?'".

"CUMPRA COM O TEU DEVER SOLDADO, POIS JÁ CUMPRI COM O MEU!"

PAULO DE TARSO
(ŠA'UL HATARSI)

Nascimento:
ca. 10 d.C., Tarso, província romana da Cilícia Prima, atual Turquia.
Falecimento:
Entre 64 e 67 d.C., Roma, Império Romano.
Ocupação:
Rabino e pregador, considerado uma das figuras chaves na difusão e consolidação do Cristianismo.
Nota:
Um das figuras centrais para a consolidação do Cristianismo, o judeu Saulo de Tarso, (Paulo é a versão grega de seu nome), nos anos após a morte de Jesus de Nazaré, empreendeu uma série de ações com o intuito de destruir a nova seita de cristãos, sob as ordens do Sinédrio. Paulo foi o responsável diretamente pela morte de Santo Estevão, e diz a tradição que estaria também envolvido no martírio de São Tiago. Após sua conversão no caminho de Damasco, passou a difundir as ideias e a filosofia de Jesus entre as colônias romanas até ser preso em Jerusalém depois de ter dado ingresso à região do Templo a não-judeus (gentios). De Jerusalém, Paulo foi levado à Cesareia, permanecendo por dois anos encarcerado, sendo depois levado para Roma, onde a tradição católica afirma que foi decapitado sob o governo do imperador Nero, e não crucificado (uma vez que era cidadão romano). Paulo, o apóstolo, teria dito suas últimas palavras ao soldado Tigelino, que iria decepar-lhe a cabeça com uma espada, mas que vacilara.

"É MUITO TARDE... ISSO SIM É FIDELIDADE"

NERO CLAVDIVS CAESAR AVGVSTVS GERMANICVS

Nascimento:
15 de dezembro de 37 d.C., Antium, Itália, Império Romano.
Falecimento:
9 de junho de 68 d.C., Roma, Império Romano.
Ocupação:
Pró-cônsul e imperador do Império Romano.
Nota:
Nascido em Anzio com o nome de Lúcio Domício Enobarbo, Nero teve o seu
governo marcado por uma série de assassinatos e complôs, e uma intensa
paranoia: foi acusado de ter provocado, em 64 d.C., o grande incêndio de Roma,
que destruiu dois terços da cidade, na esperança de reconstruí-la com esplendor.
Sua crueldade e irresponsabilidade provocaram o descontentamento no meio
militar e a oposição dos patrícios, sendo declarado nefas e "persona non grata" –
"inimigo público" – pelo Senado. Sem apoio de nenhum dos quadrantes de Roma,
Nero foi obrigado a fugir. Perseguido pela guarda pretoriana, acabou por se
suicidar. Segundo Suetônio em sua obra "A Vida dos Doze Césares" – "De Vita
Caesarvm" Liber VI Nero, XCIX – as últimas palavras de Nero foram
direcionadas à sua guarda pessoal que ainda tentava lhe proteger mesmo estando
já em agonia.

| "TALVEZ EU NÃO TENHA VIVIDO EM VÃO..." |

"UM IMPERADOR DEVE MORRER EM PÉ"

TITVS FLAVIVS CAESAR VESPASIANVS AVGVSTVS

Nascimento:
17 de novembro de 9 d.C., Vicus Phalacrinae, Itália, Império Romano.
Falecimento:
23 de junho de 79 d.C., Acquae Cutiliae, Itália, Império Romano.
Ocupação:
General romano, cônsul e imperador do Império Romano.
Nota:
Eficiente general romano, Vespasiano participou da conquista da Britânia e do cerco e destruição de Jerusalém, após a revolta judaica contra a dominação romana da região. Foi durante o cerco à Jerusalém que Vespasiano foi eleito imperador pelo Senado. O período de seu governo ficou marcado por uma eficaz administração econômica, quer em Roma (onde empreendeu reformas, inclusive urbanas, com a construção do Coliseu e outras melhorias), quer nas províncias. Vespasiano restaurou o governo e as finanças públicas, reconstruiu o Império, reformulou o Senado e desenvolveu um sistema educativo mais amplo. Segundo Suetônio em sua obra "A Vida dos Doze Césares" – "De Vita Caesarum Liber VIII" Divvs Vespasianvs, XXIV – as últimas palavras de Vespasiano foram direcionadas àqueles que o acompanhavam e que, ao tentarem lhe ajudar a se levantar, testemunharam sua morte.

"EU COMETI APENAS UM ERRO…"

TITVS FLAVIVS CAESAR VESPASIANVS AVGVSTVS

Nascimento:
30 de dezembro de 39 d.C., Roma, Império Romano.
Falecimento:
13 de setembro de 81 d.C., Roma, Império Romano.
Ocupação:
General e imperador do Império Romano entre 79 e 81 d.C.
Nota:
Tito foi o responsável pelo cerco e destruição de Jerusalém quando da revolta
judaica em 70 d.C.. Sucedeu a seu pai, Vespasiano, no comando do Império
Romano e empreendeu várias melhorias urbanas na cidade de Roma. Tito faleceu
de febre na vila de sua família nas cercanias de Roma. Sua vida e seu governo são
relatados por Suetônio e por Cássio Dio que afirmam que o mesmo morreu de
causas naturais. Dio acredita que o erro ao que Tito se referiu em seus últimos
momentos esteja ligado ao fato de não ter executado seu irmão, Domiciano (que
viria a lhe suceder), quando este se envolveu em uma conspiração para destituí-lo
do cargo de imperador.

| "TALVEZ EU NÃO TENHA VIVIDO EM VÃO…" |

"VENCESTES, OH GALILEU"

FLAVIVS CLAVDIVS IVLIANVS AVGVSTVS

Nascimento:
ca. 331 d.C., Constantinopla, Império Romano
Falecimento:
26 de junho de 363 d.C., Maranga, Mesopotâmia.
Ocupação:
César e imperador do Império Romano, sendo o último imperador romano pagão.
Nota:
Juliano, o Apóstata, tentou impedir o crescimento do Cristianismo, reimplantando as práticas religiosas tradicionais do Antigo Império. Em 362, Juliano iniciou sua campanha contra os persas, saindo de Constantinopla, entretanto seus exércitos foram enganados por um desertor persa, que os guiou ao deserto. Ao descobrir o engano, Juliano tentou levar suas forças em retirada para a segurança das fronteiras romanas. Durante esta retirada, em 26 de julho de 363, Juliano morreu em uma batalha vitoriosa, embora sem consequências militares. Estava tão confiante em sua vitória (ou simplesmente tão distraído) que nem sequer usava armadura, sofrendo uma ferida mortal por uma flecha. O historiador Libânio afirmou que Juliano foi assassinado por um soldado cristão de seu próprio exército, ainda que esta acusação não seja corroborada por nenhum outro pesquisador. Suas últimas palavras foram registradas por Teodoreto de Ciro, embora não possam ser comprovadas por outras fontes.

"COM A SUPREMA COMUNHÃO NO PARAÍSO, COM AQUELES A QUEM DEUS DEMONSTROU SEU AMOR, OS PROFETAS E OS SANTOS E OS MÁRTIRES E OS JUSTOS, COM TODOS AQUELES MUI EXCELENTES E JUSTOS. OH ALÁ, SOMENTE COM SUA SUPREMA COMUNHÃO"

MUHAMMAD IBN' ABDULL'AH

Nascimento:
ca. 570 d.C., cidade de Meca, Península Arábica.

Falecimento:
8 de junho de 632 d.C., cidade de Medina, Península Arábica.

Ocupação:
Profeta do Islã.

Nota:
Segundo a religião islâmica, Maomé é o mais recente e o último profeta do Deus único. Para os muçulmanos, Maomé foi precedido em seu papel de profeta por Jesus, Moisés, Davi, Israel, Isaac, Ismael e Abraão. Como figura política, unificou as várias tribos árabes, permitindo suas conquistas daquilo que se tornaria um Império Islâmico, o qual em seu apogeu, estendeu-se da Pérsia à Península Ibérica. Alguns meses antes de sua morte, Maomé dirigiu-se pela última vez aos seus seguidores, naquilo que ficou conhecido como o sermão final do profeta – "Khutbat al-Wadaa". Logo após a realização deste sermão, Maomé adoeceu sofrendo por vários dias com fortes dores de cabeça. Após sua morte, foi sepultado em Medina, onde hoje se localiza a atual Mesquita do Profeta.

"AMEI O JUSTO E ODIEI O INJUSTO, E POR ISSO MORRO NO EXÍLIO"

GREGÓRIO VII
(HILDEBRANDO DE SOVANA)

Nascimento:
ca., 1025, Sovana, Toscana, Itália.
Falecimento:
25 de maio de 1085, Salerno, Campânia, Itália.
Ocupação:
Administrador geral da Igreja e papa entre 1073 e 1085.
Nota:
Gregório VII foi eleito papa por aclamação popular, mesmo não sendo sacerdote. Foi um dos mais influentes papas da história da Igreja Católica, chefiando um movimento reformista que obrigava os clérigos a se relacionarem diretamente com o Sumo Pontífice e não com os poderes transitórios seculares. Seus 27 axiomas podem ser resumidos em três pontos principais: o papa é o senhor absoluto da Igreja, estando acima dos fiéis, dos clérigos e dos bispos, acima das Igrejas locais, regionais e nacionais, e acima dos concílios; o papa é o senhor único e supremo do mundo, todos lhe devendo submissão, incluindo os príncipes, reis e imperadores; e a Igreja Católica não comete e nunca cometeu erros. Henrique IV, soberano da Alemanha e imperador do Sacro-Império Romano Germânico, temendo que estas determinações criassem condições para revoluções internas, com o intuito de destroná-lo, induziu os clérigos de seu país a não acatar esses axiomas. Como consequência, o papa excomungou-o, e, em resposta, Henrique IV ordenou sua prisão e exílio. Gregório morreu abandonado pelos romanos e pela maior parte dos seus seguidores.

"EM NOME DE JESUS E SOB A PROTEÇÃO DA IGREJA, EU ESTOU PRONTO PARA ABRAÇAR A MORTE"

THOMAS BECKET

Nascimento:
ca. 1118, Cheapside, Londres, Inglaterra.
Falecimento:
29 de dezembro de 1170, Cantuária, Inglaterra.
Ocupação:
Arcebispo da Cantuária, mártir cristão e santo das Igrejas Católica Romana e Anglicana.
Nota:
O arcebispo Becket entrou em conflito com o rei da Inglaterra Henrique II, devido às pretensões deste em relação ao controle do patrimônio religioso no país. Após ter excomungado os três bispos que sagraram o filho do rei, Henrique, o Jovem, como governante do país, Becket entrou em conflito permanente com a casa real. Quando informado disto, o rei, furioso, teria declarado em voz alta "Não haverá ninguém capaz de me livrar deste padre turbulento?". Quatro dos cavaleiros presentes interpretaram isto como uma ordem. Em 29 de dezembro de 1170, entraram na catedral da Cantuária e assassinaram Becket, segundo alguns nos degraus do altar, quando os monges entoavam as vésperas. Suas últimas palavras teriam sido ditas antes de receber o terceiro golpe mortal na cabeça, desferido por um dos cavaleiros do rei. A maioria dos historiadores parece concordar que o rei não pretendia realmente o assassinato de Becket, apesar de suas palavras. As peregrinações à catedral da Cantuária, para ver o túmulo de Thomas Becket, estão na origem dos "Contos da Cantuária", coletânea de contos líricos recolhidos e escritos pelo escritor Geoffrey Chaucer.

"QUE O MAL SUAVEMENTE SOBREVENHA ÀQUELES QUE ERRONEAMENTE NOS CONDENARAM. DE HOJE A UM ANO, CONVOCO CLEMENTE E FILIPE A COMPARECEREM DIANTE DO DEUS VIVENTE PARA RESPONDEREM DIANTE DELE POR SEUS CRIMES"

JACQUES DE MOLAY

Nascimento:
ca. 1243, Borgonha, França.
Falecimento:
18 de março de 1314, Paris, França.
Ocupação:
23° e último grão-mestre da Ordem dos Pobres Cavaleiros de Cristo e do Templo de Salomão.
Nota:
Jacques de Molay foi eleito grão-mestre dos Templários logo após a derrota da Ordem para as tropas muçulmanas e sua consequente expulsão da Terra Santa. Em 1306, ele foi convocado à França pelo papa Clemente V para discutir a fusão dos Templários com a Ordem dos Hospitalários. Na presença do papa, Molay fora informado que o rei de França, Filipe, o Belo, pretendia confiscar os bens e a fortuna dos Templários, acusando-os de heresia, blasfêmia e homossexualidade. Molay desafiou o rei a acusá-los publicamente, o que levou à prisão de mais de 5 mil cavaleiros, inclusive Molay, em uma sexta-feira, 13 de outubro de 1307. Molay foi executado com Geoffroy de Charnay, o preceptor templário da Normandia, na Île-des-Javiaux, uma ilhota no rio Sena, onde foram queimados até a morte. Os cronistas da época afirmaram que enquanto agonizava Molay amaldiçoou o papa e o rei de França, sendo que Clemente V faleceu 33 dias depois, vitimado por um câncer, e Filipe, 7 meses depois, em um acidente durante uma caçada.

"SEGURE A CRUZ BEM NO ALTO PARA QUE EU POSSA VÊ-LA ATRAVÉS DAS CHAMAS"

JOANA D'ARC
(JEANNE D'ARC, conhecida como "DONZELA DE ORLEANS")

Nascimento:
5 de janeiro de 1412, Domrémy, território inglês na França.
Falecimento:
30 de maio de 1431, Rouen, Normandia, território inglês na França.
Ocupação:
Mártir cristã e santa da Igreja Católica Romana.
Nota:
Joana aliou-se ao exército francês durante a Guerra dos Cem Anos, lutando ao lado das tropas do delfim da França, o futuro Carlos VII. Capturada pelas tropas inglesas, ela foi condenada por heresia ao afirmar que lutava ao lado dos franceses, por receber visões de Santa Catarina e Santa Margarida, além de um pedido de São Miguel Arcanjo para libertar a França do julgo inglês e conduzir o delfim ao trono. Condenada à morte na fogueira, foi atada a uma estaca, em Rouen, onde dirigiu suas últimas palavras aos padres Martin Ladvenu e Isambart de la Pierre. Suas cinzas foram lançadas ao rio Sena para se evitar qualquer forma de relíquia.

"MUITO BEM... MUITO BEM... EU JÁ VOU... ESPERE UM MINUTO"

ALEXANDRE VI
(RODERIGO GIL DE LANSOL Y BORJA)

Nascimento:
1° de janeiro de 1431, Reino da Valência, Espanha.

Falecimento:
18 de agosto de 1503, Roma, Estados Pontifícios, Itália.

Ocupação:
Advogado, cardeal, vice-chanceler da Igreja e papa entre 26 de agosto de 1492 e 18 de agosto de 1503, data de sua morte.

Nota:
O pontificado do papa Alexandre VI é considerado como um paradigma da corrupção papal, mais tarde tido como um dos motivos para a separação empreendida pelos reformistas protestantes. Morreu subitamente, suspeitando-se que tenha sido envenenado por arsênico, adicionado à sua comida em um banquete, o que provocou o enegrecimento e o inchaço do cadáver , já dentro do caixão, e, em virtude disso, alguns assistentes papais tiveram que inser o corpo em um caixão maior.

"TOMEI PROVIDÊNCIAS PARA TUDO NO DECORRER DE MINHA VIDA, SOMENTE NÃO AS TOMEI PARA A MORTE E AGORA TENHO QUE MORRER COMPLETAMENTE DESPREPARADO"

CESARE BORGIA

Nascimento:
13 de setembro de 1475, Roma, Estados Pontifícios, Itália.
Falecimento:
12 de março de 1507, Viana, Província de Navarra, Espanha.
Ocupação:
Cardeal, duque de Valentinois e de Romagna, príncipe de Andria e de Venafro, conde de Dyois, senhor de Piombino, de Camerino e de Urbino, capitão-geral da Igreja e líder mercenário.
Nota:
César Borgia era filho do cardeal Rodrigo de Lanzol y Borja que mais tarde foi eleito papa, assumindo como Alexandre VI. Líder militar e exímio guerreiro, sua carreira e ações, tanto no campo da política como no campo militar, levaram Nicolau Maquiavel a se servir de sua imagem ao redigir sua obra-prima, "O Príncipe".

"ESTOU CURIOSO PARA VER O QUE ACONTECE NO PRÓXIMO MUNDO ÀQUELES QUE MORREM SEM O PERDÃO DE SEUS PECADOS"

PIETRO PERUGINO
(PIETRO DI CRISTOFORO VANNUCCI)

Nascimento:
ca. 1446, Città della Pieve, Umbria, Itália.
Falecimento:
ca. 1523, Fontignano, Perugia, Itália.
Ocupação:
Pintor.
Nota:
Um dos principais representantes da pintura renascentista italiana, Perugino contribuiu para as pinturas murais laterais da Capela Sistina, no Palácio do Vaticano, sob o pontificado de Sisto IV. Um dos seus principais discípulos foi Rafael Sanzio, mais tarde um dos arquitetos-chefe da atual Basílica de São Pedro. Em seu leito de morte, vitimado pela peste negra, Perugino recusou-se a receber a visita de um sacerdote que lhe viria ministrar os ritos finais.

"NÃO TENHA PENA DE MIM. EU MORRO COMO UM HOMEM DE HONRA, NO CUMPRIMENTO DO MEU DEVER; É DE VÓS QUE TENHO PENA, POIS ESTAIS LUTANDO CONTRA O VOSSO REI, O VOSSO PAÍS E O VOSSO JURAMENTO DE LEALDADE"

PIERRE TERRAIL, CHEVALIER DE BAYARD

Nascimento:
1476, Château Bayard, Dauphiné Viennois, França.

Falecimento:
30 de abril de 1524, Rovasenda, atualmente Piemonte, província de Vercelli, Itália.

Ocupação:
Comandante de exército e nobre, conhecido por "senhor de Bayard".

Nota:
Comandante das tropas francesas nas batalhas entre França e Itália ao longo do século XVI, empreendidas pelo rei francês Francisco I, Pierre Terrail foi ferido mortalmente por uma bala de arcabuz pelas tropas do imperador Carlos V. Suas últimas palavras foram dirigidas ao conde de Borgonha, que havia traído as tropas do rei da França e se unido ao inimigo. Este ao encontrar o corpo de Terrail ferido, disse-lhe: "Meu caro Bayard, quanta pena sinto de vós nesta hora, pois sois um cavaleiro de virtude". Seu valor foi reconhecido até por seus inimigos, com a suspensão das batalhas e o comparecimento dos comandantes inimigos ao seu enterro.

"DESEJO IR PARA O INFERNO E NÃO PARA O CÉU, POIS LÁ DESFRUTAREI DA COMPANHIA DE PAPAS, REIS E PRÍNCIPES, ENQUANTO NO CÉU, APENAS A COMPANHIA DE MONGES, MENDIGOS E APÓSTOLOS"

NICCOLÒ DI BERNARDO DEI MACHIAVELLI

Nascimento:
3 de maio de 1469, Florença, República de Florença.
Falecimento:
21 de junho de 1527, San Casciano, Grão-ducado da Toscana.
Ocupação:
Diplomata, político, músico, dramaturgo e filósofo político.
Nota:
Um dos maiores filósofos políticos da história, Maquiavel foi conselheiro político de grandes líderes florentinos, chegando a ocupar o cargo de secretário geral da Chancelaria da República. Brilhante escritor foi-lhe encomendada a "História de Florença" pela família Médici que governava a cidade. Autor da obra máxima da filosofia política renascentista – "O Príncipe" – foi acusado de traição e sedição, torturado pelas autoridades políticas, mas sua inocência foi comprovada. Exilado da cidade após o retorno dos Médici ao poder, faleceu em San Casciano, vilarejo próximo de Florença.

"ESTA NÃO OFENDEU O REI"

THOMAS MORE

Nascimento:
7 de fevereiro de 1478, Londres, Inglaterra.
Falecimento:
6 de julho de 1535, Londres, Inglaterra.
Ocupação:
Filósofo, advogado, escritor, membro do parlamento inglês, lorde-chanceler do reino sob Henrique VIII.
Nota:
Sir Thomas More foi um proeminente estadista e filósofo, cuja obra mais famosa "Utopia", descreve uma sociedade ideal baseada nos princípios da razão. More serviu como "speaker" da Câmara dos Comuns do parlamento inglês e foi um amplo defensor da liberdade de expressão. Tornou-se lorde-chanceler da Inglaterra, em 1529, mas renunciou ao cargo três anos depois por discordar do rompimento de Henrique VIII e a Igreja Católica, quando houve a anulação do casamento do rei com Catarina de Aragão e a união com Ana Bolena. More foi preso e julgado por traição, sendo aprisionado na Torre por se recusar a reconhecer Henrique como líder da Igreja da Inglaterra, e decapitado em 1535. Sir Thomas More proferiu suas últimas palavras antes de deitar no cepo, arrumando cuidadosamente a barba para que esta não fosse cortada pelo machado do carrasco.

| "TALVEZ EU NÃO TENHA VIVIDO EM VÃO..." |

"A JESUS CRISTO ENCOMENDO MINHA ALMA; MEU SENHOR JESUS RECEBA MINHA ALMA"

ANA BOLENA
(ANNE BOLEYN)

Nascimento:
ca. 1500, Inglaterra.
Falecimento:
19 de maio de 1536, Londres, Inglaterra.
Ocupação:
Marquesa de Pembroke, rainha consorte da Inglaterra; segunda esposa de
Henrique VIII e mãe da rainha Elizabeth I da Inglaterra.
Nota:
Ana Bolena, pivô do rompimento entre o rei Henrique VIII e o papado de Roma
que levou à criação da Igreja Anglicana, foi a primeira rainha inglesa a ser
executada publicamente. Suas últimas palavras foram registradas pelo cronista
real Edward Hall e fizeram parte de um discurso maior diante de seu carrasco:
"Bom povo cristão, venho hoje aqui para morrer, de acordo com a lei e pela lei
que fui condenada à morte, entretanto não venho aqui acusar ninguém, nem falar
nada nesse sentido; oro a Deus que salve o rei e que ele governe muitos anos
depois de mim, do modo gentil e misericordioso que sempre foi, pois para mim
ele sempre foi bom, além de um senhor soberano e gentil. [...] Peço a todos
sinceramente que rezem por minha alma. Oh, Senhor, tenha misericórdia de
mim. A Deus entrego minha alma..." – e após ser vendada e se ajoelhar diante do
cepo, ela repetiu várias vezes: "A Jesus Cristo encomendo minha alma; Meu
Senhor Jesus, receba minha alma".

"EU MORRO NA FÉ TRADICIONAL"

THOMAS CROMWELL

Nascimento:
ca., 1485, Putney, próximo à Londres, Inglaterra.
Falecimento:
28 de julho de 1540, Londres, Inglaterra.
Ocupação:
Advogado, chanceler do tesouro, ministro-chefe da Inglaterra, estadista e conde de Essex.
Nota:
Político da confiança de Henrique VIII e seu chanceler do tesouro, Thomas Cromwell foi defensor do Absolutismo Monárquico e um dos responsáveis pelo rompimento entre a Inglaterra e a Igreja Romana. Tentou aproximar o rei inglês da França, mas acabou caindo em desgraça após o fracasso da união do rei com Anne de Cléves. Acusado de traição, Cromwell foi executado por ordem de Henrique VIII. É dito que Henrique VIII intencionalmente escolheu um executor inexperiente: o carrasco fez três tentativas de cortar a cabeça de Cromwell até obter sucesso. Depois de sua execução, sua cabeça foi cozida e então exibida em uma lança na ponte de Londres. Edward Hall, um cronista da época, registrou que Cromwell fez um discurso no andaime, diante do carrasco, declarando, entre outras coisas, que morria professando a fé católica romana.

"TUDO ESTÁ PERDIDO! MONGES, MONGES, MONGES! TUDO SE VAI AGORA – IMPÉRIO, CORPO E ALMA!"

HENRIQUE VIII DA INGLATERRA
(HENRY VIII TUDOR)

Nascimento:
28 de junho de 1491, Palácio de Greenwich, Greenwich, Inglaterra.
Falecimento:
28 de janeiro de 1547, Palácio de White Hall, Westminster, Inglaterra.
Ocupação:
Duque de Iorque, marechal da Inglaterra, rei da Inglaterra, senhor da Irlanda e supremo-chefe da Igreja da Inglaterra.
Nota:
Em seus últimos anos, Henrique engordou consideravelmente e possivelmente sofria de gota, o que lhe impediu de se movimentar com facilidade nesse período. A obesidade de Henrique data de um acidente de justa em 1536, onde sofreu uma ferida em um músculo que não só lhe impediu de realizar qualquer atividade física, mas também gradualmente evoluiu para uma ulceração nos membros inferiores que, indiretamente, pode também tê-lo levado à morte. Por muitos anos, foi aventada a possibilidade de sofrer de sífilis, pois argumentos mais recentes sobre esta possibilidade advêm de um maior conhecimento desta doença, o que permite supor que Eduardo VI, Maria I e Elizabeth I mostraram todos os sintomas característicos de sífilis congênita. Entretanto, teorias mais recentes e melhores fundamentadas sugerem que os sintomas médicos do rei indicam que o mesmo sofria de diabetes tipo II. Posteriormente à sua morte, seus três filhos se sentaram sucessivamente no trono da Inglaterra.

"ABAIXEM AS CORTINAS, A FARSA TERMINOU. SAIO À PROCURA DE UM GRANDE TALVEZ"

FRANÇOIS RABELAIS

Nascimento:
ca. 1494, próximo a Chinon, Indre-et-Loire, França.
Falecimento:
9 de abril de 1553, Paris, França.
Ocupação:
Escritor, médico, humanista e sacerdote.
Nota:
François Rabelais, também conhecido por seu pseudônimo Alcofribas Nasier (um anagrama para o seu próprio nome) foi um dos principais escritores do Renascimento francês, cujo humor obsceno e a sátira eclesiástica existente em sua obra-prima, "Gargantua e Pantagruel", levaram-no à condenação pela Universidade de Sorbonne. A obra de Rabelais constitui uma das mais originais manifestações da crença do homem nas suas capacidades, simbolizadas pelo gigantismo das personagens. Suas últimas palavras são motivo de divergência entre os especialistas de sua vida, sendo também creditadas como: "Eu devo muito e nada tenho, o restante eu deixo aos pobres".

| "TALVEZ EU NÃO TENHA VIVIDO EM VÃO..." |

"QUANDO EU ESTIVER MORTA, VOCÊS ENCONTRARÃO OS NOMES 'FILIPE' E 'CALAIS' GRAVADOS EM MEU CORAÇÃO"

MARIA I DA INGLATERRA (MARY I TUDOR)

Nascimento:
15 de fevereiro de 1516, Palácio de Greenwich, Greenwich, Inglaterra.
Falecimento:
17 de novembro de 1558, Palácio de Saint James, Londres, Inglaterra.
Ocupação:
Rainha da Inglaterra e da Irlanda e rainha consorte da Espanha e do Reino das Duas Sicílias.
Nota:
Filha do casamento de Henrique VIII e de Catarina de Aragão, Maria Tudor foi preterida da linha de sucessão, quando do episódio da separação de seus pais e da criação da Igreja Anglicana. Assumiu o trono após a morte de seu irmão, Eduardo VI, empreendendo o retorno ao Catolicismo, o que gerou uma série de perseguições religiosas e políticas. Tais perseguições lhe concederam a alcunha de "Maria, a Sanguinária", ou "Bloody Mary". Foi casada com o rei Filipe II da Espanha, conferindo-lhe grande antipatia, pois os ingleses temiam que a Inglaterra passasse ao domínio espanhol. Morreu sem herdeiros, passando o trono inglês para sua irmã, Elizabeth I Tudor.

"IN MANUS TUAS DOMINE CONFIDO SPIRITUM MEUM"

MARIA I DA ESCÓCIA
(MARY I STUART, QUEEN OF SCOTS)

Nascimento:
8 de dezembro de 1542, Linlithgow, Lothian Ocidental, Escócia.
Falecimento:
8 de fevereiro de 1587, Northamptonshire, Inglaterra.
Ocupação:
Rainha consorte do Reino de França e rainha da Escócia.
Nota:
Coroada rainha da Escócia aos nove meses de idade, por extinção da linhagem masculina de herdeiros, Maria foi educada na corte do rei de França, Henrique II, casando-se com o delfim de França, que se tornaria, posteriormente, Francisco II.
Ao enviuvar, regressou à Escócia e se casou mais duas vezes. Uma revolta da nobreza a obrigou a procurar refúgio na Inglaterra, mas Elizabeth I a encarcerou por 19 anos. Acusada de conspiração, foi executada ainda sob o governo de Elizabeth I, sua prima. Suas últimas palavras foram proferidas em latim diante do carrasco, e significam "Senhor, em Tuas mãos confio o meu espírito".

| "TALVEZ EU NÃO TENHA VIVIDO EM VÃO..." |

"TODO O MEU REINO, SENHOR, POR MAIS UM MINUTO!"

ELIZABETH I DA INGLATERRA
(ELIZABETH I TUDOR)

Nascimento:
7 de setembro de 1533, Greenwich, Inglaterra.
Falecimento:
24 de março de 1603, Richmond, Inglaterra.
Ocupação:
Rainha da Inglaterra e da Irlanda.
Nota:
Elizabeth I, filha de Henrique VIII, mostrou, ao ascender ao trono, uma enorme capacidade governativa: perseguiu os católicos e fortaleceu o Anglicanismo, reestruturando o governo inglês após as instabilidades sucessórias ocorridas nos governos de seus irmãos, Eduardo IV e Maria I, seus antecessores. Em seu reinado, lutou contra a influência do Império Espanhol, destroçado a "Invencível Armada Espanhola", em 1588. Protegeu diversos corsários, entre eles, Francis Drake, que, no regresso de suas longas viagens, saqueava navios portugueses e espanhóis. Governou por 50 anos e em seu governo Shakespeare, Marlowe e Francis Bacon produziram suas obras. Quando de sua morte, rogou às suas damas de companhia suas últimas palavras.

"O QUE ESPERAIS? GOLPEIE, HOMEM, GOLPEIE!"

WALTER RALEIGH

Nascimento:
ca. 1552, Devonshire, Inglaterra.
Falecimento:
29 de outubro de 1618, Londres, Inglaterra.
Ocupação:
Poeta, historiador, explorador, filósofo e militar.
Nota:
Sir Walter Raleigh foi um dos líderes militares da Inglaterra do governo de Elizabeth I, contribuindo para a derrota da armada espanhola. Infelizmente, seus contínuos ataques aos navios mercantes espanhóis levaram o rei Jaime I da Inglaterra a prendê-lo sob a acusação de traição, em 1603. Raleigh foi aprisionado na Torre de Londres, onde permaneceu até 1616, sendo libertado. Em 1618, Raleigh foi novamente preso, após atacar uma frota espanhola próximo ao rio Orinoco, na América do Sul. Condenado à morte, foi decapitado. Antes de sua execução, Raleigh se recusou a ser vendado e, tocando a lâmina do machado, disse: "Vocês acham que eu temo o que vai acontecer? Esta é a cura para todas as minhas dores", e colocando a cabeça no cepo, proferiu suas últimas palavras. Há outras versões do que teria sido dito neste momento, sendo também considerado: "Desde que o coração seja honesto, não importa onde a cabeça esteja".

| "TALVEZ EU NÃO TENHA VIVIDO EM VÃO..." |

"ESTOU DIANTE DE UM TERRÍVEL SALTO NAS TREVAS"

THOMAS HOBBES

Nascimento:
5 de abril de 1588, Malmesbury, Inglaterra.
Falecimento:
4 de dezembro de 1619, Hardwick Hall, Inglaterra.
Ocupação:
Filósofo, matemático e teórico político.
Nota:
De acordo com Hobbes, uma determinada sociedade necessita de uma autoridade à qual todos os membros da mesma devem render o suficiente da sua liberdade natural, de forma que a autoridade possa assegurar a paz interna e a defesa comum. Este soberano, quer seja um monarca ou uma assembleia (que pode até mesmo ser composta de todos, caso em que seria uma democracia), deveria ser o "leviatã", uma autoridade inquestionável. A teoria política, que consta em sua obra "Leviatã", mantém no essencial as ideias de suas duas obras anteriores, "Os elementos da lei" e "Do cidadão", nas quais tratou a questão das relações entre a Igreja e o Estado. Em seus últimos dias de vida, sofreu uma crise renal aguda, seguida por um derrame que o paralisou.

"MUITO BEM ENTÃO, EU FALAREI: DANTE ME ENOJA"

FÉLIX LOPE DE VEGA Y CARPIO

Nascimento:
25 de novembro de 1562, Madrid, Espanha.
Falecimento:
27 de agosto de 1635, Madrid, Espanha.
Ocupação:
Dramaturgo e poeta.
Nota:
Um dos maiores escritores do Barroco espanhol, Lope de Vega, ao lado de
Cervantes, é reconhecido mundialmente pela qualidade de suas peças e pela sua
produção literária. Sentindo a proximidade da morte, teria declarado à sua
amante, Micaela de Luján, sua opinião sobre Dante Alighieri.

"É ASSIM QUE O DEUS DE ISRAEL REVELA-SE A MIM DESDE O FIRMAMENTO! ESTA É A VONTADE DO SENHOR. HOJE VEREI O DEUS DE ISRAEL FACE-A-FACE!"

FRANCISCO MALDONADO DE SILVA

Nascimento:
ca. 1592, San Miguel, província de Tucuman, Vice-reino do Peru, América Espanhola.

Falecimento:
23 de janeiro de 1639, Lima, Vice-reino do Peru, América Espanhola.

Ocupação:
Médico, escritor e mártir.

Nota:
Francisco Maldonado de Silva, cirurgião judeu, cristão-novo, foi acusado de heresia e de praticar as "falácias do Judaísmo" em um momento de extrema perseguição religiosa nas terras pertencentes ao Reino de Espanha. Aprisionado por vários anos, foi julgado e sentenciado a morrer em um auto-de-fé, em conjunto com outros 11 cristãos-novos portugueses, pertencentes à elite mercantil de Lima, na ocasião.

"EU VOU DE UM REINO CORRUPTÍVEL PARA UM OUTRO INCORRUPTÍVEL, ONDE NÃO HÁ NENHUMA PERTURBAÇÃO, NENHUMA PERTURBAÇÃO DO MUNDO. LEMBREM-SE DISSO! [dirigindo-se ao carrasco] ESPERE PELO SINAL".

CARLOS I DA INGLATERRA, ESCÓCIA E IRLANDA (CHARLES I STUART)

Nascimento:
19 de novembro de 1600, Dunfermfile, Escócia.
Falecimento:
30 de janeiro de 1649, White Hall, Londres, Inglaterra.
Ocupação:
Rei da Inglaterra, Escócia e Irlanda e duque de Iorque, de Albany, da Cornualha e de Rothesay.
Nota:
Após a Guerra Civil inglesa, Carlos I foi deposto e preso pelas forças do parlamento. Houve tentativas anteriores no sentido de se obter um compromisso do rei em se submeter ao Parlamento, fato não conseguido, inclusive com uma tentativa de fuga da família real para França. Finalmente, o rei foi julgado, condenado à morte e decapitado, atribuindo-se a Oliver Cromwell a principal responsabilidade pela condenação e morte do monarca em janeiro de 1649, embora ele tenha sido julgado pelo Parlamento. No "warrant" de execução informava-se que se mandou matar "o rei da Inglaterra", ao contrário do que acontecerá no julgamento de Luís XVI, rei de França, em 1793, quando o ex-monarca foi referido sempre como "Luís Capeto". Como observou Cromwell na ocasião, "executaremos o rei com a coroa em sua cabeça". Suas últimas palavras foram ditas ao seu executor, que aguardava para decapitá-lo. Ele perguntou se o carrasco poderia aguardar enquanto realizava uma pequena oração. Quando ele terminou de orar e deu o sinal, o machado fez o seu serviço.

"O DIABO ESTÁ PARA NOS SEDUZIR... E EU JÁ ME ENCONTRO SEDUZIDO"

OLIVER CROMWELL

Nascimento:
25 de abril de 1599, Huntingdon, Reino da Inglaterra.
Falecimento:
3 de setembro de 1658, White Hall, Londres, República da Inglaterra.
Ocupação:
Lorde-Protetor da Commonwealth da Inglaterra, da Escócia e da Irlanda.
Nota:
Após a Revolução Puritana que destituiu e executou o rei Carlos I da Inglaterra, pondo fim ao reinado absolutista daquele país, a monarquia foi abolida, tornando a Inglaterra uma República. Cromwell sofria de malária e a causa da morte foi septicemia, seguida de infecção das vias urinárias. Em 1661, após a restauração da Monarquia, seu corpo foi exumado e julgado como traidor, sua cabeça decapitada e exibida diante da Abadia de Westminster, até 1685, sendo novamente enterrada apenas em 1960, no Sidney Sussex College, em Cambridge, Inglaterra.

"SENHOR, EU NÃO SOBREVIVEREI A ESTA AFRONTA, MINHA HONRA E REPUTAÇÃO ESTÃO PERDIDA!"

FRANÇOIS VATEL
(FRITZ KARL WATEL)

Nascimento:
1631, Paris, Reino de França.
Falecimento:
24 de abril de 1671, château de Chantilly, próximo à Paris, Reino de França.
Ocupação:
Cozinheiro e chefe
Nota:
Famoso chefe francês de origem suíça, François Vatel ficou famoso ao serviço de Foucquet e, depois do príncipe de Condé, e reconhecido mundialmente por suas criações culinárias, como o creme chantili. Não foi exatamente um cozinheiro como se diz, mas sim o responsável por todas as compras e organização das refeições de quem servia. Para agradar ao rei Luís XIV, o príncipe de Condé encomendou a Vatel um grande banquete para o qual, além do rei, foram convidadas 600 pessoas. O banquete iria durar três dias. No segundo dia, Vatel, percebendo que o peixe que esperava de madrugada, devido às marés, não pudera ser pescado, e antevendo o fracasso do banquete, encostou sua espada à porta do quarto e, precipitando-se sobre ela, suicidando-se. Diz a tradição que seu corpo foi encontrado por um de seus auxiliares que lhe procurava para noticiar a chegada da carga tão esperada.

"TALVEZ EU NÃO TENHA VIVIDO EM VÃO..."

TYCHO BRAHE, nascido TYGE OTTESEN BRAHE

Nascimento:
14 de dezembro de 1546, Scania, então Reino da Dinamarca, hoje Reino da Suécia.
Falecimento:
24 de outubro de 1681, Praga, Sacro-Império Romano Germânico.
Ocupação:
Astrônomo.
Nota:
Tycho Brahe foi um astrônomo observacional da era que precedeu à da invenção do telescópio e suas observações da posição das estrelas e dos planetas alcançaram uma precisão sem paralelo para a época, contribuindo para as descobertas posteriores de Kepler e Galileu. Tycho Braheapós ter descoberto uma nova estrela na constelação de Cassiopeia, em 1572, recebeu do rei da Dinamarca, uma propriedade para desenvolver suas pesquisas, onde realizou estudos sobre as revoluções do sol e da lua e a catalogação de 777 novas estrelas. Após a morte do rei e a suspensão do auxílio por parte do novo soberano dinamarquês, Brahe se mudou para a corte do imperador Rodolfo II, onde montou novo laboratório com o auxílio de Johannes Kepler, seu fiel assistente. Após sofrer de uma grave infecção urinária, que levou ao rompimento de sua bexiga, Brahe agonizou por 11 dias, vindo a falecer, cercado por seus experimentos e auxiliares. Suas últimas palavras foram ditas ao seu assistente, Johannes Kepler. No funeral, este declarou que Tycho Brahe era um homem sem qualquer ambição, sendo que a única coisa que desejava era mais tempo.

"EU TENHO LEVADO UM TEMPO EXORBITANTE PARA MORRER, MAS ROGO-LHES QUE ME PERDOEM... NÃO DEIXEM MINHA POBRE NELLY MORRER DE FOME"

CARLOS II DA INGLATERRA
(CHARLES II STUART)

Nascimento:
29 de maio de 1630, Londres, Inglaterra.
Falecimento:
6 de fevereiro de 1685, Londres, Inglaterra.
Ocupação:
Rei da Inglaterra, da Escócia e da Irlanda.
Nota:
Carlos II da Inglaterra é lembrado como um dos mais importantes reis da nação por seu esclarecimento e estabilidade que empreendeu à política após o período republicano da história do país. Filho de Carlos I, decapitado pelo parlamento inglês, Carlos II realizou uma série de alianças com a França e com a Dinamarca para estabilizar a monarquia inglesa. Em seu governo, ocorreu o grande incêndio de Londres que devastou a cidade. Casado com Catarina de Bragança, não tiveram filhos legítimos, embora o rei tivesse 12 filhos com suas numerosas amantes. Suas últimas palavras foram dirigidas ao seu irmão James e aos nobres presentes para que não desamparassem a atriz Eleanor "Nelly" Gwynne, sua mais querida companheira.

"BASTA!"

JOHN LOCKE

Nascimento:
29 de agosto de 1632, Wrighton, Somerset, Inglaterra.
Falecimento:
28 de outubro de 1704, Essex, Inglaterra.
Ocupação:
Filósofo.
Nota:
John Locke foi um dos mais importantes filósofos ingleses e principal expoente do Empirismo. Viveu em um período conturbado da vida política da Inglaterra, que estava assolada pelas lutas de sucessão ao trono que levariam ao fim definitivo das pretensões católicas da casa de Stuart. Partiu para França, onde viveu por 5 anos. Conheceu René Descartes, quando vivia na Holanda, onde se envolveu nas lutas religiosas, mas pugnou sempre pela tolerância e pela liberdade religiosa. Retornando à Inglaterra, trocou correspondências e discussões filosóficas com Isaac Newton e John Dryden. Sofrendo de asma por toda a vida, faleceu após um dos ataques a que era continuamente acometido. Suas últimas palavras foram proferidas à sua amiga Lady Masham, esposa de Lorde Francis Masham, em cuja residência morava desde 1691.

"EU ME VOU, MAS O ESTADO CONTINUARÁ PARA SEMPRE"

LUÍS XIV, conhecido por REI-SOL
(LOUIS-DIEUDONNÉ DE BOURBON)

Nascimento:
5 de setembro de 1638, Saint-Germain-en-Laye, Reino de França.

Falecimento:
1° de setembro de 1715, Versalhes, Reino de França.

Ocupação:
Delfim de França; conde da Provença, de Valentinois, de Diois, de Barcelona, de Cerdagne, de Rousillon, de Forcalquier e das ilhas adjacentes; rei de França e de Navarra e copríncipe de Andorra

Nota:
Luís XIV consolidou seu domínio sobre os territórios franceses e expandiu seu poder de influência sobre outras nações europeias como Espanha, Países Baixos e Áustria. Construiu uma nova capital para a França, em Versalhes, transferindo toda a corte para o novo palácio. Aos 77 anos, foi diagnosticado com uma dor ciática que não passava, evoluindo para uma gangrena que lhe tomou toda a perna. Faleceu cercado por seus cortesãos e foi sucedido por seu bisneto de 5 anos, Luís XV. Frequentemente, é-lhe atribuída a frase "Por que estão chorando? Por acaso imaginaram que eu seria imortal?" como sendo suas últimas palavras, mas não há comprovação real delas.

"QUEM VOCÊ PENSA QUE É? POR ACASO VOCÊ É DEUS PARA TER O DIREITO DE DECIDIR O MEU DESTINO E DE MEUS HOMENS? PEGUE SUAS PALAVRAS POMPOSAS E AS ENFIE NO LUGAR DE SEU CORPO ONDE O SOL JAMAIS BATE. ENCONTRO VOCÊ EM OUTRA VIDA. ADEUS"

JOHN RACKAM, conhecido por **CALICO JACK**

Nascimento:
21 de dezembro de 1682, Bristol, Inglaterra.
Falecimento:
18 de novembro de 1720, Saint Jago de la Veja, Jamaica.
Ocupação:
Mercenário e corsário.
Nota:
Capitão pirata inglês do século XVIII, seu apelido surgiu graças às roupas coloridas que ele sempre vestia, feitas de "calicô", um tecido grosseiro de algodão, oriundo de Calicute, Índia. Calico é lembrado por empregar em sua tripulação as duas mulheres piratas mais famosas de seu tempo, Anne Bonny e Mary Read. Em outubro de 1720, capitão Barnet surpreendeu Rackham e sua tripulação do barco Revenge, quando estavam todos bêbados – a maioria da tripulação estava desmaiada no convés. Rackham e grande parte de sua tripulação, foi executada em Saint Jago de la Veja, na Jamaica. Suas últimas palavras foram ditas quando o juiz lhe perguntou se tinha algo a dizer antes de ser executado.

"O GRANDE OCEANO DA VERDADE SE ESTENDIA DESCONHECIDO DIANTE DE MIM".

ISAAC NEWTON

Nascimento:
4 de janeiro de 1643, Woolsthorpe, Inglaterra.
Falecimento:
31 de março de 1727, Londres, Inglaterra.
Ocupação:
Físico, matemático, filósofo, alquimista, astrônomo e teólogo.
Nota:
Em uma pesquisa promovida pela Royal Society, Newton que foi um dos seus presidentes, foi considerado o cientista que causou maior impacto no desenvolvimento da Ciência. Sua obra principal, "Philosophiae Naturalis Principia Mathematica" (Princípios Matemáticos da Filosofia Natural, também conhecida apenas por "Principia"), publicada em 1687, é considerada uma das mais influentes na história da Física, na qual é descrita a lei da gravitação universal e as três leis gerais da Física que moldaram a Mecânica Clássica. De personalidade sóbria e solitária, demonstrou a consistência que havia entre o sistema por ele idealizado e as leis de Kepler do movimento dos pla-netas; foi também o primeiro a demonstrar que o movimento de todos os objetos é governado pelo mesmo conjunto de leis naturais. São também notórios os seus trabalhos sobre alquimia e teologia, nos quais apresenta uma tentativa de análise dos desígnios divinos por meio de mensagens ocultas nos livros proféticos da Bíblia. Newton, em seus últimos dias, passou por diversos problemas renais que culminariam com sua morte. Pouco antes de entrar em coma, teria declarado: "Não sei o que eu posso ter significado para o mundo. Mas para mim, não fui nada além de um menino brincando nas areias da praia, divertindo-se ao encontrar um seixo ou uma conchinha das mais simples, enquanto o grande oceano da verdade se estendia desconhecido diante de mim".

"DEIXEM A CARRUAGEM PRONTA, POIS EM BREVE IREI VISITAR MINHA IRMÃ"

PEDRO II DA RÚSSIA
(PYOTR II ALEKSEYEVICH)

Nascimento:
23 de outubro de 1715, São Petersburgo, Império da Rússia.
Falecimento:
30 de janeiro de 1730, Moscou, Império da Rússia.
Ocupação:
Czar do Império da Rússia.
Nota:
Único neto homem de Pedro, o Grande, Pedro II assumiu após a morte da imperatriz Catarina I, reinando por apenas dois anos. Seu casamento com a princesa Catarina Dolgorukova, sobrinha de seu mentor, o vice-chanceler Andrei Ostermann, estava marcado para a mesma data em que ocorreu seu falecimento, vitimado pela varíola. Suas últimas palavras referem-se à sua irmã, a princesa Natália, que havia falecido 14 meses antes. Pedro II é o único governante pós Pedro, o Grande, a estar enterrado em Moscou, no Kremlin. Com sua morte, encerrou a linhagem direta masculina da família Romanov, passando o trono aos sucessores descendentes do meio-irmão de Pedro, o Grande, o czar Ivan V.

"DEUS, ESPERE UM SEGUNDO..."

JEANNE-ANTOINETTE POISSON, MARQUESA DE POMPADOUR

Nascimento:
29 de dezembro de 1721, Paris, França.
Falecimento:
15 de abril de 1764, Paris, França.
Ocupação:
Maîtresse-en-titre (amante oficial) do rei Luís XV de França.
Nota:
Madame de Pompadour foi preparada desde tenra idade para assumir o papel de amante de um homem rico: passou por diversas transformações, do casamento indiferente com um coletor de impostos parisiense até o envolvimento da vida inteira com a elite financeira de França, antes de cativar o próprio rei Luís XV de França e ser oficialmente reconhecida como sua amante declarada. Exemplo de elegância e inteligência influenciando politicamente as decisões reais, ela se tornou uma empreendedora incentivando a fundação da fábrica de porcelanas de Sèvres. Em seu leito de morte, Madame de Pompadour pediu a Deus que lhe desse um minuto mais antes de morrer. Recuperando-se momentaneamente ela se maquiou, aplicando ruge sobre as bochechas, falecendo logo após.

| "TALVEZ EU NÃO TENHA VIVIDO EM VÃO..." |

"ESTOU EM CHAMAS!"

DAVID HUME

Nascimento:
7 de maio de 1711, Edimburgo, Escócia.
Falecimento:
25 de agosto de 1776, Edimburgo, Escócia.
Ocupação:
Filósofo e historiador.
Nota:
Hume é considerado por alguns como o maior filósofo britânico que já existiu, o que demonstra claramente a importância de sua obra e de sua produção intelectual. A influente filosofia de Hume é famosa pelo seu profundo ceticismo, apesar de muitos especialistas preferirem destacar a sua componente naturalista.

Viveu entre 1763 e 1765 em Paris, convivendo com Voltaire e Jean-Jacques Rousseau. Não se sabe se David Hume possuía alguma crença: para alguns ele era ateu e, para outros, simplesmente agnóstico. Em seus últimos momentos, sofrendo de um câncer de fígado, escreveu seu próprio epitáfio: "Nascido em 1711, Morto em... Deixando que a posteridade acrescente o restante". Seu desespero em suas horas finais foi entendido por alguns de seus biógrafos como a demonstração de um grande arrependimento por suas posições filosóficas e constante ceticismo diante das questões divinas.

"ESTOU TÃO SATISFEITO COM A CAUSA NA QUAL ME ENGAJEI QUE SÓ LAMENTO NÃO TER MAIS DE UMA VIDA PARA OFERECER AO MEU PAÍS"

NATHAN HALE

Nascimento:
6 de junho de 1755, Coventry, Connecticut, América Britânica.
Falecimento:
22 de setembro de 1776, Nova Iorque, Nova Iorque, Estados Unidos da América
Ocupação:
Militar e espião das forças de independência dos Estados Unidos da América.
Nota:
Hale foi um militar e espião norte-americano durante a Guerra da Independência, sendo capturado pelas forças britânicas e enforcado na cidade de Nova Iorque, após diversos dias de tortura. Suas últimas palavras foram registradas por William Hull a partir dos relatos de John Montresor, um soldado britânico que estava presente ao enforcamento. Existe a possibilidade de Hale estar citando uma passagem da peça "Catão", de Joseph Addison, que dizia "Que pena que não podemos morrer mais de uma vez ao servirmos ao nosso país".

"MEU BOM HOMEM, ESTA NÃO É UMA BOA HORA PARA SE FAZER INIMIGOS"

FRANÇOIS-MARIE AROUET, conhecido por VOLTAIRE

Nascimento:
21 de novembro de 1694, Paris, França.
Falecimento:
30 de maio de 1778, Paris, França.
Ocupação:
Escritor, ensaísta, deísta e filósofo iluminista.
Nota:
Voltaire foi um teórico sistemático, mas também um propagandista e polemista que atacou com veemência todos os abusos praticados pelo Antigo Regime. Tinha a visão de que não importava o tamanho de um monarca, deveria, antes de punir um servo, passar por todos os processos legais, e só então executar a pena, se assim fosse consentida por lei. Se um monarca simplesmente punisse e regesse de acordo com o seu bem-estar e vontade, seria apenas mais um "salteador de estrada ao qual se chama de 'Sua Majestade'". Suas últimas palavras registradas foram ditas quando foi lhe solicitado pelo sacerdote que renegasse o demônio. Logo após, o filósofo entrou em coma e em seus últimos momentos, entre estados de semiconsciência, implorava por perdão. Sua enfermeira disse: "Por todo o dinheiro da Europa, não quero mais ver um incrédulo morrer!"

"NÃO, MAS ESTOU CONFORTÁVEL O SUFICIENTE PARA MORRER"

MARIA THERESA DA ÁUSTRIA
(MARIA THERESIA WALBURGA AMALIA CHRISTINA)

Nascimento:
13 de maio de 1717, Viena, Império Austríaco.
Falecimento:
29 de novembro de 1780, Viena, Império Austríaco.
Ocupação:
Arquiduquesa regente da Áustria, Sacra Imperatriz Romano-Germânica e rainha da Alemanha, da Hungria, da Croácia e da Boêmia.
Nota:
Maria Theresa foi imperatriz regente do Império Austríaco de 1740 até sua morte, em 1780. Foi mãe de Maria Antonieta da França e do imperador José II da Áustria. Passou seus últimos dias de vida reclinada em uma cadeira por não ser capaz de respirar com facilidade estando deitada. Seu filho, o arquiduque José, tentando confortá-la, após um espasmo que sofrera, disse-lhe: "Sua Majestade não pode estar confortável sentada deste jeito"; a resposta dada pela imperatriz é considerada as suas últimas palavras. Maria Theresa faleceu minutos depois, sem qualquer sofrimento ou dor adicional.

"COMO DIABOS VOCÊ ACHA QUE ISSO PODERIA ME FAZER MAL?"

DENIS DIDEROT

Nascimento:
5 de outubro de 1713, Langres, França.
Falecimento:
31 de julho de 1784, Paris, França.
Ocupação:
Filósofo e escritor.
Nota:
Diderot preocupava-se sempre com a natureza do homem, a sua condição, os seus problemas morais e o sentido amplo do destino, sendo um grande admirador e entusiasta da vida em todas as suas manifestações, não reduzindo a moral e a estética à Fisiologia, situando-as em um contexto humano total, tanto emocional como racional. Foi organizador da famosa "Encyclopédie", que demorou 21 anos para ser editada e foi composta em 28 volumes. Mesmo que na época o número de pessoas que sabia ler era pouco, ela foi vendida com sucesso, conseguindo assim, uma fortuna e, dando continuidade com empenho e entusiasmo ao projeto, apesar de alguma oposição da Igreja Católica e dos poderes estabelecidos. As últimas palavras de Diderot foram uma resposta à sua mulher quando esta lhe pediu para não comer demais. Diderot faleceu de graves problemas gastrintestinais após um jantar, sendo que a causa de sua morte é vinculada a um damasco que o filósofo estaria comendo de sobremesa.

"PARA UM HOMEM QUE ESTÁ MORRENDO NADA PODE SER FEITO FACILMENTE".

BENJAMIN FRANKLIN

Nascimento:
17 de janeiro de 1706, Boston, Massachusetts, América Britânica.

Falecimento:
17 de abril de 1790, Filadélfia, Pensilvânia, Estados Unidos da América.

Ocupação:
Escritor, editor, inventor, cientista, teórico político, ativista civil, estadista, diplomata e político.

Nota:
Benjamin Franklin foi um dos mais importantes pensadores políticos norte-americanos do século XVIII, além de ser considerado um exemplo do homem do Iluminismo. Após uma vida toda dedicada à construção de seu país, os Estados Unidos da América, faleceu ao lado de seus familiares próximo das 23 horas, vítima de falência múltipla dos órgãos e problemas respiratórios, aos 84 anos. Suas últimas palavras foram dirigidas à sua filha que havia sugerido que ele se deitasse de lado, para que respirasse melhor.

"CREIO QUE DEVEREMOS AGENDAR ESTE ENCONTRO EM UM OUTRO LUGAR"

ADAM SMITH

Nascimento:
16 de Junho de 1723, Kirkcaldy, Fife, Escócia.
Falecimento:
17 de Julho de 1790, Edimburgo, Escócia.
Ocupação:
Filósofo, economista e pioneiro de teorias econômicas.
Nota:
Escocês de nascimento, Adam Smith estudou nas universidades de Oxford e Glasgow, tendo nesta última sido professor de Lógica. Conviveu com grandes filósofos e pensadores de seu tempo, entre eles David Hume, François Quesnay e Voltaire. Demorou nove anos preparando um estudo que viria a ser o primeiro tratado de política econômica, "Uma Investigação sobre a Natureza e as Causas da Riqueza das Nações", no qual demonstrou que a iniciativa privada deveria ser deixada livremente para agir, com pouca ou nenhuma intervenção governamental, o que levaria forçosamente não só à queda do preço das mercadorias, mas também às necessárias inovações tecnológicas. Suas teorias econômicas tiveram enorme repercussão nas economias de vários outros países e influenciou toda uma geração no desenvolvimento do Capitalismo contemporâneo. A sua vida privada foi de grande simplicidade, vivendo sempre com sua mãe que morreu aos 90 anos. Ao se aproximar da morte, depois de uma dolorosa doença, Smith teria expressado seu ressentimento por não ter podido realizar mais.

"DORMIR"

HONORÉ GABRIEL RIQUETI, CONDE DE MIRABEAU

Nascimento:
9 de março de 1749, Le Bignon, Nemours, Reino de França.
Falecimento:
2 de abril de 1791, Paris, França Revolucionária.
Ocupação:
Escrivão, diplomata, jornalista e político.
Nota:
Mirabeau, conhecido como "Orador do Povo", durante os acontecimentos da Revolução Francesa, teve uma vida aventurosa: esteve preso, serviu na corte da Prússia e insurgiu-se publicamente contra os abusos das classes privilegiadas durante os instantes anteriores à queda da Monarquia Francesa, destacando-se como um dos principais oradores da Assembleia Nacional. Em seu leito de morte, fraco e incapaz de falar, Mirabeau escreveu uma única palavra antes de falecer. Foram lhe rendidas honras nacionais e seu corpo recebeu um funeral de Estado, com a transformação da Igreja de Santa Genoveva, em Paris, em um panteão para os grandes homens públicos franceses. Posteriormente, suas ligações secretas com a recente Monarquia derrubada foram descobertas e seus restos mortais foram retirados do Panteão, em 1794.

"O GOSTO DA MORTE ESTÁ SOBRE OS MEUS LÁBIOS... SINTO O GOSTO DE ALGO QUE NÃO É DESTE MUNDO"

JOHANN CHRISOSTOMOS WOLFGANG THEOPHILOS MOZART

Nascimento:
27 de janeiro de 1756, Salzburgo, Império Austríaco.
Falecimento:
5 de dezembro de 1791, Viena, Império Austríaco.
Ocupação:
Compositor, regente e músico.
Nota:
Menino prodígio, nascido no seio de uma família de artistas e músicos, filho do também compositor Leopold, Mozart é considerado como um dos maiores compositores da história da música ocidental. Deixou mais de 600 composições, entre várias óperas, concertos e 40 sinfonias, falecendo com apenas 35 anos, vitimado por insuficiência renal e febre reumática (apesar de ser corrente a "lenda" de seu assassinato por Salieri). Ao seu funeral, compareceram poucas pessoas, em virtude da tempestade que se abatia sobre Viena e da lei do imperador que proibia a realização de cortejos fúnebres, em virtude da peste que se abatia sobre a cidade. Seu nome, Wolfgang Amadeus Mozart, é uma forma latinizada do alemão, Wolfgang Theophilos Mozart, e adotada pelo compositor ao longo de sua produção musical. Compôs até o dia de sua morte e faleceu cercado por sua esposa, filhos, seu médico, Thomas Franz Closset, e um de seus discípulos, Franz Xaver Süssmayr, que viria a concluir o "Réquiem".

"CUMPRI MINHA PALAVRA! MORRO PELA LIBERDADE!"

TIRADENTES, alcunha de JOAQUIM JOSÉ DA SILVA XAVIER.

Nascimento:
12 de novembro de 1746, Fazenda do Pombal, Minas Gerais, Vice-reino do Brasil.

Falecimento:
21 de abril de 1792, Rio de Janeiro, Rio de Janeiro, Vice-reino do Brasil.

Ocupação:
Dentista, tropeiro, minerador, comerciante, militar, ativista político e mártir da Independência do Brasil.

Nota:
Há controvérsias a respeito das últimas palavras de Tiradentes. Alguns dizem que após subir os 21 degraus da forca, no Rio de Janeiro, Tiradentes teria dito ao seu carrasco, de nome Capitânea: "Seja rápido"; segundo outros: "Se dez vidas eu tivesse, dez vidas eu daria para salvar as deles!", entretanto estas palavras foram proferidas quando lhe foi lida a sentença de condenação; outros ainda dizem que as últimas palavras ditas por ele foram: "Cumpri minha palavra! Morro pela liberdade!", sendo estas últimas a suposição mais aceita. Tiradentes foi enforcado e esquartejado: sua cabeça foi erguida em um poste em Vila Rica, atualmente Ouro Preto, sendo rapidamente roubada e nunca mais localizada; os demais restos mortais foram distribuídos ao longo do Caminho Novo: Cebolas, Varginha do Lourenço, Barbacena e Queluz (antiga Carijós), lugares onde teria feito seus discursos revolucionários. Além disso, destruíram a casa em que morava, jogando sal ao terreno para que nada lá germinasse e toda sua descendência foi proscrita.

| "TALVEZ EU NÃO TENHA VIVIDO EM VÃO..." |

"EU MORRO INOCENTE DOS CRIMES QUE ME SÃO IMPUTADOS. EU PERDOO OS AUTORES DE MINHA MORTE, E ROGO A DEUS QUE O SANGUE QUE AGORA VOCÊS VÃO DERRAMAR NÃO RECAIA SOBRE A FRANÇA"

LUÍS XVI DE FRANÇA
(LOUIS-AUGUSTE DE FRANCE)

Nascimento:
23 de agosto de 1754, Versalhes, Reino de França.
Falecimento:
21 de janeiro de 1793, Paris, França Revolucionária.
Ocupação:
Duque de Berry, delfim, rei de França e de Navarra e copríncipe de Andorra.
Nota:
Luís XVI é famoso por sua participação nos acontecimentos que levaram à eclosão da Revolução Francesa e a suspensão da Monarquia na França. Ao assumir o trono, encontrou o país mergulhado em grave crise financeira, que levaria à crise social dos anos posteriores. Foi obrigado a convocar os Estados Gerais, que pretendiam instaurar um governo constitucional no país. Sua tentativa de fuga para a Áustria, levou-o à prisão em conjunto com a família real. Encarcerado na prisão do Templo, em Paris, e acusado de traição, foi julgado pela Convenção Nacional e condenado à morte. A rainha consorte Maria Antonieta foi executada seis meses depois. Sua morte provocou a união dos soberanos europeus contra a França Revolucionária, lançando o país em uma guerra ao longo de suas fronteiras.

"AJUDE-ME, MINHA CARA AMIGA!"

JEAN-PAUL MARAT

Nascimento:
24 de maio de 1743, Boudry, Condado de Neuchâtel (atual Suíça).
Falecimento:
13 de julho de 1793, Paris, França Revolucionária.
Ocupação:
Médico, jornalista, filósofo e teórico político.
Nota:
Jean-Paul Marat foi um dos mais radicais de todos os líderes revolucionários da França Revolucionária. Suas posições extremistas o isolaram da maioria de seus companheiros, em 1793. Editou um jornal denominado "O amigo do povo" a partir de sua banheira, onde se via obrigado a constantes banhos medicinais em virtude de uma infecção crônica da pele. Em 13 de julho, Charlotte de Corday pediu uma audiência a Marat sob a desculpa de apresentar uma relação de contrarrevolucionários. Marat a recebeu e após ler o nome de todos, disse: "Serão todos guilhotinados". Assim que o fez, Corday o apunhalou no coração, vingando a morte de um amigo. Marat ainda teve tempo de pedir ajuda à sua esposa, inutilmente. Apesar de sua impopularidade, milhares de pessoas visitaram o coração de Marat quando de sua exposição pública.

"EU MATEI UM HOMEM PARA SALVAR CEM MIL"

MARIE-ANNE CHARLOTTE DE CORDAY D'ARMONT

Nascimento:
27 de julho de 1768, Saint-Saturnin-des-Ligneries, Normandia, Reino de França.
Falecimento:
17 de julho de 1793, Paris, França Revolucionária.
Ocupação:
Patriota francesa.
Nota:
Charlotte de Corday era descendente de uma família da pequena aristocracia da Normandia e foi uma partidária girondina nos primeiros anos da Revolução Francesa. Após a queda dos girondinos do poder e o início do período denominado "Terror", em 13 de julho, Charlotte de Corday se encontra com Marat. Inconformada com o encaminhamento que a Revolução estava tomando e, responsabilizando diretamente Marat pelo espírito radical que se abatia sobre a França, Corday o apunhalou no coração, vingando a morte de um amigo. Ela foi condenada à morte 4 dias depois na guilhotina. Imediatamente após sua decapitação, um dos assistentes do carrasco, chamado Legros, apanhou sua cabeça do cesto e a esbofeteou. Testemunhas da época relataram um ar de indignação no rosto dela ao ser esbofeteada e o tapa foi considerado uma afronta inaceitável, o que levou à prisão de Legros três meses depois.

"PERDOE-ME SENHOR, EU NÃO FIZ DE PROPÓSITO".

MARIA ANTONIA JOSEPHA JOHANNA DE HABSBURGO

Nascimento:
2 de novembro de 1755, Viena, Império Austríaco.
Falecimento:
16 de outubro de 1793, Paris, França Revolucionária.
Ocupação:
Rainha consorte de França e arquiduquesa da Áustria
Nota:
Maria Antonieta se casou em 1770, aos 14 anos de idade, com o delfim de França, Luís Augusto, que, em 1774, tornou-se rei com o título de Luís XVI. Foram protagonistas das convulsões sociais e econômicas do século XVIII que levariam à Revolução Francesa. Presa junto com a família real em uma tentativa de fuga para a Áustria, Maria Antonieta foi encarcerada na prisão do Templo, em Paris, enquanto aguardava sua execução. Ao se aproximar da guilhotina, acusada de traição e pronta para ser decapitada, Maria Antonieta pisou acidentalmente no pé de seu executor.

"SIM, MAS SOMENTE DE FRIO, MEU AMIGO"

JEAN SYLVAIN BAILLY

Nascimento:
15 de setembro de 1736, Paris, Reino de França.
Falecimento:
12 de novembro de 1793, Paris, França Revolucionária.
Ocupação:
Matemático, astrônomo e político.
Nota:
Membro da Academia Francesa de Ciências, Jean Bailly foi um dos responsáveis pelo cálculo da órbita do cometa Halley, publicando em 1766, "Ensaio sobre a teoria dos satélites". Com a Revolução Francesa, interrompeu sua vida acadêmica, sendo eleito deputado e posteriormente escolhido prefeito de Paris. Sua ordem para a dispersão de manifestantes no Campo de Marte tornou-o detestado pelo povo, o que o obrigou a se refugiar em Nantes, em uma tentativa de fuga auxiliada pelo cientista Laplace. Posteriormente, foi reconhecido e levado para Paris, onde foi condenado pelo Tribunal Revolucionário, morrendo guilhotinado. No cadafalso, esperando pela guilhotina, ele foi importunado por uma das pessoas que assistiam à execução que lhe perguntou o porquê de estar tremendo.

"MOSTRE MINHA CABEÇA AO POVO; ELA VALHE A PENA SER VISTA"

GEORGES-JACQUES DANTON

Nascimento:
26 de outubro de 1759, Arcis-sur-Aube, Reino de França.
Falecimento:
5 de abril de 1794, Paris, França Revolucionária.
Ocupação:
Advogado, político, presidente dos "cordeliers" e líder das massas populares de Paris.
Nota:
Figura destacada da Revolução Francesa, Danton é o responsável pela proclamação da I República Francesa, integrando a Convenção Nacional, assembleia encarregada de escrever a Constituição Republicana, e depois chefiando o Comitê de Salvação Pública, órgão executivo da República, responsável pela política estrangeira e por assuntos militares. Ao defender posições mais moderadas para a política foi substituído por Robespierre no comando da Nação e passou a fazer ampla oposição a este. Condenado por conspiração, morreu guilhotinado, em Paris, com outros 14 revolucionários, e declarou ao carrasco suas últimas palavras, antes de se deitar na guilhotina.

"A MORTE NÃO É O SONO ETERNO. MANDEM ANTES GRAVAR: A MORTE É O INÍCIO DA IMORTALIDADE!"

MAXIMILIEN FRANÇOIS MARIE ISIDORE DE ROBESPIERRE

Nascimento:
6 de maio de 1758, Arras, Reino de França.
Falecimento:
28 de julho de 1794, Paris, França Revolucionária.
Ocupação:
Advogado, político, presidente da Convenção Nacional e chefe do Comitê de Salvação Pública.
Nota:
Robespierre foi uma das personalidades mais importantes da Revolução Francesa. Os seus aliados o chamavam de "O Incorruptível" e foi um dos principais membros do grupo político "Montanha" durante a Convenção, onde encarnou a tendência mais radical da Revolução, transformando-se em uma das personagens mais controversas deste período. Após a morte de Danton e de Marat, Robespierre tornou-se, ao lado de Saint-Just, a partir de 27 de julho de 1793, na voz da Revolução, empreendendo o período que passaria para a história como "Terror". No dia 27 de julho de 1794, Robespierre foi preso em um golpe organizado pelos seus adversários da Convenção, sendo ferido no maxilar por um tiro disparado pelos golpistas, o que lhe impedia de falar; foi guilhotinado no dia seguinte, sem ter sido julgado, juntamente com o seu irmão Augustin de Robespierre (também membro da Salvação Pública) e 17 de seus colaboradores durante o golpe de 9 Termidor. Suas últimas palavras foram proferidas na véspera do golpe que derrubou o seu governo e de seus aliados.

"VIVI COMO UM FILÓSOFO E AGORA MORRO COMO UM CRISTÃO"

GIACOMO GIROLAMO CASANOVA DE SEINGALT

Nascimento:
2 de abril de 1725, Veneza, República de Veneza.
Falecimento:
4 de junho de 1798, Dux, Boêmia (atual República Tcheca)
Ocupação:
Filósofo, soldado, músico e alquimista.
Nota:
Casanova, notório aventureiro e conquistador, após escapar da prisão veneziana, iniciou um circuito de 20 anos por diversos países europeus, onde (segundo suas próprias palavras) seduziu um número prodigioso de mulheres. Aparentemente cansado de uma vida nômade, Casanova se estabeleceu em Dux, na Boêmia, onde passou seus últimos anos como bibliotecário do Conde de Waldstein, até sua morte em 1798. Dedicou os seus últimos anos à escrita de um romance histórico, "Isocameron", e, especialmente, à redação de suas memórias, "História da minha vida", volumosas e escritas em francês, constituindo um fascinante testemunho de sua época. A obra original integral não foi publicada até 1960 e, em seus 28 volumes, Casanova declarou ter dormido com 122 mulheres ao longo da vida.

"PROVIDENCIE UM SEPULTAMENTO DECENTE E NÃO PERMITA QUE MEU CORPO SEJA ENTERRADO ANTES DE DOIS DIAS APÓS MINHA MORTE... VOCÊ ME COMPREENDEU?" ['Sim', respondeu seu secretário particular Tobias Lear] "MUITO BEM"

GEORGE WASHINGTON

Nascimento:
22 de fevereiro de 1732, Westmoreland County, Virgínia, América Britânica.
Falecimento:
14 de dezembro de 1799, Mount Vernon, Virgínia, Estados Unidos da América.
Ocupação:
Fazendeiro, general de brigada das forças militares britânicas na Guerra dos Sete Anos, entre Inglaterra e França, comandante-em-chefe do exército revolucionário continental e presidente dos Estados Unidos da América entre 1789 e 1797.
Nota:
Após deixar a presidência, Washington se dedicou alguns anos à sua fazenda, sendo apontado, posteriormente, para ocupar o cargo de comandante-em-chefe das forças armadas norte-americanas pelo presidente John Adams. Dois dias antes de sua morte, Washington vistoriou suas terras sob uma forte chuva e nevasca o que lhe levou à febre altíssima e à pneumonia, vindo a falecer em companhia de sua esposa, Martha, de seu médico, James Craik, e de seu secretário particular, Tobias Lear. Washington tinha grande temor de ser enterrado vivo, razão do pedido feito ao seu secretário. Após sua morte, a Marinha Real Britânica envergou as bandeiras a meio-mastro, o exército norte-americano usou faixas de luto por 6 meses e Napoleão Bonaparte ordenou 10 dias de luto por toda a França.

"APERTA-ME A MÃO. EU MORRO"

VITTORIO AMEDEO ALFIERI

Nascimento:
16 de janeiro de 1749, Asti, Piemonte, Itália.
Falecimento:
8 de outubro de 1803, Florença, Toscana, Itália.
Ocupação:
Escritor, poeta e dramaturgo e conde italiano.
Nota:
Considerado o mais importante poeta e dramaturgo trágico da Itália do "Setecento", Alfieri lutou e sofreu pela unidade nacional italiana. Amante de Luísa Stolberg, condessa de Albany, viveu em Paris à época da Revolução Francesa, a qual apoiou com entusiasmo. Fugiu de lá durante o terror jacobino, indo viver em Florença, pois apesar de ser contrário ao Absolutismo, desiludiu-se com os excessos da Revolução Francesa, a ponto de, em 1798, escrever a sátira "Il Misogallo", violento panfleto contra o jacobinismo. De regresso à Florença, dedicou-se apenas à literatura. Sabe-se que a condessa de Albany lhe sobreviveu, tendo mandado construir, na igreja de Santa Croce, um túmulo-monumento, esculpido por Antonio Canova.

"ESTE É UM FERIMENTO MORTAL, DOUTOR. EU NÃO GUARDO NENHUM RESSENTIMENTO CONTRA O CORONEL BURR. EU ME ENCONTREI COM ELE COM A FIRME RESOLUÇÃO DE NÃO LHE CAUSAR NENHUM MAL. EU O PERDOO DE TUDO O QUE ACONTECEU"

ALEXANDER HAMILTON

Nascimento:
11 de janeiro de 1755, Nevis, Índias Ocidentais Britânicas, Antilhas.
Falecimento:
12 de julho de 1804, Nova Iorque, Nova Iorque, Estados Unidos da América.
Ocupação:
Militar, advogado, economista, teórico político e 1° secretário do Tesouro dos Estados Unidos da América entre 1789 e 1795 sob o governo de George Washington.
Nota:
Aaron Burr, o vice-presidente dos Estados Unidos sob o governo de Thomas Jefferson, acreditava que Hamilton o havia insultado publicamente e exigiu uma oportunidade de limpar sua honra, por meio de um duelo que se realizou em Weekhawken, Nova Jérsei. Hamilton atirou em uma árvore com a clara intenção de não ferir Burr; Burr o alvejou no abdômen, produzindo ferimentos profundos e irreversíveis. Hamilton chegou a ser levado de volta à Nova Iorque, mas não resistiu aos ferimentos. Seu corpo se encontra enterrado sob um monumento no cemitério da Igreja da Trindade, em Nova Iorque.

"SEMPRE MELHOR, SEMPRE MAIS TRANQUILO"

JOHANN CHRISTOPH FRIEDRICH VON SCHILLER

Nascimento:
10 de novembroto de 1771, Marbach am Neckar, Ducado de Württemberg, atual estado de Baden-Württemberg, Alemanha.

Falecimento:
9 de maio de 1805, Weimar, Ducado de Sachsen-Weimar, Alemanha.

Ocupação:
Poeta, dramaturgo, filósofo e historiador.

Nota:
Friedrich Schiller, depois de Goethe, é considerado um dos maiores poetas da literatura alemã do século XVIII. Uma de suas mais famosas poesias, a "An die Freude" – "Ode à Alegria", inspirou Beethoven a escrever, em 1823, o quarto movimento de sua "Nona Sinfonia". Sua extrema dedicação à criação abalou profundamente seu estado de saúde que já era grave, uma vez que o autor sofria de tuberculose. Em 1805, uma forte crise o acometeu, vindo a falecer, deixando inacabada, em sua escrivaninha, a peça "Demetrius". Suas últimas palavras foram dirigidas ao seu médico que lhe questionou sobre seu estado de saúde. Até 2008, acreditava-se que o corpo enterrado no Weimarer Fürstengruft – o mausoléu dos Grão-duques de Weimar – seria o de Schiller, entretanto, testes de DNA comprovaram que o corpo não era o do poeta.

"DEUS O ABENÇOE, HARDY"

HORATIO NELSON

Nascimento:
29 de setembro de 1758, Burnham Thorpe, Norfolk, Inglaterra.
Falecimento:
21 de outubro de 1805, Cabo Trafalgar, Espanha.
Ocupação:
Vice-almirante da Marinha Real Britânica, 1º visconde de Nelson, 1º duque de Brontë, cavaleiro da Ordem de Bath e herói naval britânico durante as Guerras Napoleônicas.
Nota:
Horatio Nelson é o mais famoso dos almirantes britânicos. Ele foi indicado para comandar as forças mediterrâneas no início das Guerras Napoleônicas, perdendo um dos olhos, em Calvi, e um braço, em Santa Cruz de Tenerife. Após destruir a frota francesa na batalha do Nilo, permaneceu em Nápoles, onde iniciou um romance com a esposa do embaixador inglês, lady Emma Hamilton. Derrotou mais uma vez a frota aliada francesa em Copenhague, e enfrentou as forças navais franco-espanhola próxima à Toulon, no cabo de Trafalgar. Durante esta batalha, Nelson foi mortalmente ferido, sem antes de enviar sua última e famosa ordem à frota: "A Inglaterra espera que cada homem cumpra o seu dever". Levado para seus aposentos, agonizou por várias horas; próximo da morte, solicitou a presença do capitão da nau-capitânia, Victoria, lorde Thomas Hardy, e lhe solicitou que não lançasse o seu corpo ao mar; suas últimas palavras foram: "Tome conta de minha querida lady Hamilton, Hardy; tome conta da pobre Lady Hamilton. Beije-me, Hardy". Hardy se ajoelhou e beijou o rosto de Nelson. "Agora estou satisfeito", disse Nelson. "Obrigado, meu Deus, por ter cumprido o meu dever". Hardy mais uma vez se ajoelhou e

beijou a testa do almirante. Nelson abençoou Hardy e, em seguida, faleceu. O médico de bordo, que tratou os ferimentos de Nelson, registrou as seguintes últimas palavras do almirante: "Tome conta de minha querida lady Hamilton, Hardy; tome conta da pobre lady Hamilton; Beije-me, Hardy e lembre-se que eu deixo lady Hamilton e minha filha Horatia como um legado ao meu país... nunca desampare Horatia..."

"OH, MEU PAÍS! COMO PODEREI DEIXAR O MEU PAÍS!"

WILLIAM PITT, O JOVEM.

Nascimento:
28 de maio de 1759, Hayes, Kent, Inglaterra.
Falecimento:
23 de janeiro de 1806, Londres, Inglaterra.
Ocupação:
Político e primeiro-ministro do Reino Unido da Grã-Bretanha durante o reinado de Jorge III.
Nota:
William Pitt foi o primeiro-ministro mais jovem da Inglaterra, com a idade de 24 anos, quando Jorge III o nomeou para o cargo em 1783. Ele enfrentou repetidas crises nos domínios ingleses, tanto na Índia, quanto na Irlanda, além da guerra pela independência das colônias da América Britânica. Empreendeu uma ofensiva diplomática contra a França Revolucionária e contra as tropas napoleônicas. Morreu em seu gabinete, na Câmara dos Comuns, em resultado de profunda fadiga, desesperadamente ciente da perigosa situação em que a Inglaterra se encontrava após a vitória de Napoleão Bonaparte, em Austerlitz.

"CRIANÇAS DEVEM SER RECONFORTADAS, EU ESTOU BEM"

FRANZ JOSEPH HAYDN

Nascimento:
31 de março de 1732, Rohrau, Império Austríaco.
Falecimento:
31 de maio de 1809, Viena, Império Austríaco.
Ocupação:
Compositor, considerado o "pai da sinfonia".
Nota:
Contemporâneo de grandes músicos e compositores, como Mozart e Beethoven, Joseph Haydn é considerado como uma figura chave no desenvolvimento da música instrumental sinfônica. Após um período de grave enfermidade, Haydn deixou de compor e aguardava seus momentos finais, em Viena, cidade sitiada pelas tropas napoleônicas. Entre suas últimas palavras registradas, encontra-se uma tentativa de acalmar os criados de sua residência, a qual fora atingida por um tiro de canhão disparado pelas tropas francesas: "Minhas crianças, não temam, pois onde Haydn se encontra, nenhuma mal pode cair".

"A ÚNICA COISA QUE DESEJO É MORRER".

JANE AUSTEN

Nascimento:
16 de dezembro de 1775, Stevernton, Inglaterra.
Falecimento:
18 de julho de 1817, Winchester, Inglaterra.
Ocupação:
Escritora
Nota:
Jane Austen era escritora inglesa proeminente, considerada como uma das três maiores figuras da literatura inglesa, ao lado de William Shakeaspeare e Oscar Wilde. Ela representa um exemplo de escritora cuja vida protegida e recatada em nada reduziu a estatura e o dramatismo da sua ficção. Nasceu na casa paroquial de Stevernton, Humpshire, Inglaterra, onde o pai era sacerdote, vivendo a maior parte do tempo nessa região. A fama de Jane Austen perdura por meio de seus cinco trabalhos mais conhecidos, sendo eles: "Orgulho e Preconceito", "Parque de Mansfield", "Emma", "Persuasão" e "Razão e Sensibilidade". Jane Austen sofria do mal de Addison, que corresponde à atrofia da glândula suprarrenal, podendo ser fatal se não rapidamente identificada. As últimas palavras de Austen foram dirigidas à sua irmã Cassandra, que lhe havia perguntado se desejava algo.

"FRANÇA, EXÉRCITO, CHEFE DO EXÉRCITO, JOSÉPHINE..."

NAPOLEON BONAPARTE

Nascimento:
15 de agosto de 1769, Ajaccio, Córsega, Reino da França.
Falecimento:
5 de maio de 1821, Longwood, Ilha de Santa Helena, Reino Unido.
Ocupação:
Líder militar, político, general do exército revolucionário da França, primeiro cônsul da I República Francesa, imperador da França, rei da Itália, protetor da Confederação do Reno e mediador da Confederação Helvética da Suíça.
Nota:
Após sua derrota na batalha de Waterloo, Napoleão foi exilado pelos ingleses na ilha de Santa Helena, no oceano Atlântico, a 2 mil quilômetros do porto mais próximo. Em fevereiro de 1821, Napoleão adoeceu gravemente, vindo a falecer três meses depois. Suas últimas palavras foram ditas enquanto agonizava, tendo como testemunhas o vigário local e seu secretário particular. A causa da morte sempre foi comumente associada ao envenenamento por arsênico, apesar de a autópsia realizada, à época, ter identificado um câncer de estômago; a família de Napoleão Bonaparte sofria de uma forma hereditária de câncer de estômago que matou não somente o imperador dos franceses, mas também seu avô Giuseppe, seu pai Carlo, e seus irmãos Luciano, Caroline, Paulina e Elisa. Em 2007, estudos realizados com amostras de cabelo do corpo de Napoleão não revelaram quantidades significativas de arsênico que justificassem a morte por envenenamento.

"AGORA VOU DORMIR. BOA NOITE"

GEORGE GORDON BYRON, posteriormente LORDE NOEL, 6º BARÃO DE BYRON

Nascimento:
22 de janeiro de 1788, Londres, Inglaterra.
Falecimento:
19 de abril de 1824, Missolonghi, Grécia Ocupada, Império Otomano.
Ocupação:
Poeta e revolucionário
Nota:
Expoente máximo do período romântico da literatura do século XIX, Lorde Byron se engajou na luta pela independência da Grécia da dominação turca, lutando ao lado das forças de resistência, lideradas pelo líder militar grego Alexandros Mavrokordatos. Encontrou a morte em Missolonghi, no litoral norte do Golfo de Pratas. Segundo consta, a causa de sua morte parece ter sido uremia, complicada por febre reumática, em decorrência de uma pneumonia e febre alta após uma sangria mal-sucedida.

"JÁ É QUATRO DE JULHO? [ao perguntar ao seu médico, Robley Dunglison, que lhe responde "Sim, logo será"] **ENTREGO ENTÃO MEU ESPÍRITO A DEUS E MILHA FILHA AO MEU PAÍS"**

THOMAS JEFFERSON

Nascimento:
13 de abril de 1743, Shadwell, Virgínia, América Britânica.
Falecimento:
4 de julho de 1826, Charlottesville, Virgínia, Estados Unidos da América.
Ocupação:
Arquiteto, advogado, filósofo, diplomata, fazendeiro, educador (fundador da Universidade da Virgínia), governador da Virgínia e presidente dos Estados Unidos da América entre 1801 e 1809.
Nota:
Thomas Jefferson foi uma das principais figuras do movimento pela independência das colônias da América Britânica e um dos líderes políticos de maior destaque no processo que se seguiu à Revolução Norte-Americana. Faleceu em 4 de julho de 1826, no 50º aniversário da assinatura da Declaração de Independência dos Estados Unidos da América e continuamente se referia à Declaração como sendo "sua filha", uma vez que ele foi o seu principal redator. Jefferson expirou algumas horas antes de seu rival político, grande amigo e também ex-presidente dos Estados Unidos da América, John Adams Júnior. Curiosamente, em seu leito de morte, Adams citou o nome de Jefferson em suas últimas palavras.

"OH, SIM! É UM GLORIOSO QUATRO DE JULHO. É UM GRANDE DIA. É UM BOM DIA. DEUS O ABENÇOE. DEUS ABENÇOE TODOS VOCÊS. THOMAS JEFFERSON..."

JOHN ADAMS JUNIOR

Nascimento:
30 de outubro de 1735, Braintree, Massachusetts, América Britânica.
Falecimento:
4 de julho de 1826, Quincy, Massachusetts, Estados Unidos da América.
Ocupação:
Estadista, advogado, diplomata e presidente dos Estados Unidos da América entre 1789 e 1797.
Nota:
John Adams foi um dos redatores da Declaração da Independência dos Estados Unidos da América. Ocupou cargos diplomáticos na França e nos Países Baixos, durante a Guerra da Independência entre as colônias norte-americanas e a Grã-Bretanha, e participou da elaboração do tratado de paz entre os dois países. Ao retornar ao seu país, foi eleito vice-presidente na chapa encabeçada pelo general George Washington, posteriormente sendo eleito para o mandato compreendido entre 1789 e 1797. Suas últimas palavras se referem à resposta à pergunta de sua esposa sobre se ele sabia qual dia era aquele. O nome de Thomas Jefferson foi pronunciado após Adams ter perdido e recobrado a consciência várias vezes. Adams não sabia que Jefferson, seu grande rival político e, posteriormente, um dos seus grandes amigos, havia morrido algumas horas antes no mesmo dia 4 de julho de 1826.

"NÃO É VERDADE, MEU CARO HUMMEL, QUE AFINAL EU TIVE ALGUM TALENTO?"

LUDWIG VAN BEETHOVEN

Nascimento:
16 de dezembro de 1777, Bonn, Alemanha.
Falecimento:
26 de março de 1827, Viena, Império Austríaco.
Ocupação:
Compositor e pianista erudito.
Nota:
Beethoven é considerado por muitos como um dos maiores compositores da história, tendo contribuído para a consolidação da música orquestral no século XIX. Sofreu por toda a vida de uma perda gradativa da audição, estando já completamente surdo quando compunha suas últimas obras. Suas últimas palavras foram dirigidas ao seu amigo e discípulo, Johann Hummel, que se encontrava ao seu lado, em seu leito de morte. Entretanto, suas palavras finais têm sido alvo de amplo debate entre os seus vários biógrafos. Alguns relataram que suas últimas palavras foram: "Eu ouvirei no Paraíso"; outros registraram: "Sinto como se agora eu tivesse escrito apenas poucas notas musicais", ou ainda: "Aplaudam, amigos, a comédia acabou". Há ainda aqueles que registraram que o compositor nada disse, apenas agitou seus punhos, como a desafiar os céus contra um trovão que se ouviu próximo de sua casa.

"BOM DEUS, O QUE É ISSO? MEU RAPAZ, É A MORTE?"

JORGE IV DA INGLATERRA
(GEORGE AUGUSTUS FREDERICK)

Nascimento:
12 de agosto de 1782, Londres, Inglaterra.
Falecimento:
26 de junho de 1830, Castelo de Windsor, Berkshire, Inglaterra.
Ocupação:
Duque da Cornualha, príncipe de Gales, príncipe-regente da coroa inglesa, rei da
Grã-Bretanha, da Irlanda e de Hanôver entre 1820 e 1830.
Nota:
Jorge IV, rei da Grã-Bretanha, Irlanda e Hanôver, levou uma vida devassa e
extravagante, sendo detestado pelo povo. Antes de subir ao trono, Jorge IV foi
regente de seu pai Jorge III, devido à instabilidade mental que este sofria. Jorge IV
foi um monarca extravagante em termos de gostos pessoais e relações familiares,
nomeadamente com sua esposa, a princesa Carolina de Brunswick. A relação dos
dois era ruim a ponto de Jorge IV impedi-la de entrar na cerimônia de coroação e
de resultar apenas em uma única filha, a princesa Carlota Augusta de Gales que
se casou com o duque Leopoldo de Saxe-Coburgo, que viria a ser o rei da Bélgica.
Infelizmente, esta viria a falecer durante o parto, sem deixar herdeiros o que
provocou uma corrida pela sucessão na Inglaterra. Jorge IV foi sucedido por seu
irmão, Guilherme IV. Sofrendo de arteriosclerose e gota, devido à obesidade,
declarou suas últimas palavras ao seu valete, aparentemente encarando de forma
natural a aproximação do fim.

"MORRE UM LIBERAL, MAS NÃO MORRE A LIBERDADE!"

GIOVANNI BATTISTA LIBERO BADARÒ

Nascimento:
ca. 1728, Laigueglia, Savona, Itália.
Falecimento:
21 de novembro de 1830, São Paulo, São Paulo, Império do Brasil.
Ocupação:
Jornalista, político e médico.
Nota:
Articulista do jornal "O Observador Constitucional", comentou os acontecimentos da Revolução de 1830, em Paris, em que o rei francês, Carlos X, fora destronado, exortando os brasileiros a seguirem o exemplo dos franceses. Em São Paulo, os estudantes do curso de Direito tomaram a iniciativa e assumiram para o ouvidor Cândido Ladislau Japiaçu feição de atos criminosos, levando-o a processar alguns dos manifestantes. O "O Observador Constitucional" abriu campanha em favor dos acusados e atacou Japiaçu, chamando-o de "Caligulazinho". Na noite de 20 de novembro, Líbero Badaró foi interpelado por quatro alemães, e, recebendo a carga de uma pistola, caiu mortalmente ferido. Seu assassinato apressou os acontecimentos e a crise política, levando à abdicação do imperador Pedro I.

"COMO SAIREI DESTE LABIRINTO?"

SIMÓN JOSÉ ANTONIO DE LA SANTÍSIMA TRINIDAD BOLÍVAR PALACIOS Y BLANCO

Nascimento:
24 de julho 1783, Caracas, Capitania-geral Espanhola da Venezuela
Falecimento:
17 de dezembro de 1830, Santa Marta, Gran Colómbia.
Ocupação:
Líder militar, libertador sul-americano, presidente da Gran Colómbia de 1821 a 1830, presidente do Peru de 1824 a 1826 e presidente da Bolívia de 1825 a 1826.
Nota:
Simon Bolívar contribuiu decisivamente para a independência das atuais nações da Venezuela, Colômbia, Equador, Peru, Panamá e Bolívia. Apesar de se valer de táticas explícitas de caráter genocida e terrorista (demonstrado em seu "Decreto de Guerra à Morte"), ele é reverenciado nesses países como um dos grandes heróis sul-americanos e denominado "El Libertador" – "o grande Libertador da América". Bolívar sofria de tuberculose e faleceu alguns dias antes de embarcar para a França, onde se exilaria voluntariamente.

"SOMENTE UM HOMEM FOI CAPAZ DE ME ENTENDER... E, MESMO ASSIM, ELE NÃO ME COMPREENDEU"

GEORG WILHELM FRIEDRICH HEGEL

Nascimento:
27 de agosto de 1770, Stuttgart, Ducado de Württemberg, atual estado de Baden-Württemberg, Alemanha

Falecimento:
14 de novembro de 1831, Berlim, Reino da Prússia.

Ocupação:
Filósofo e um dos criadores do idealismo germânico.

Nota:
Hegel foi indicado como reitor da Universidade de Berlim, em seus últimos anos de vida. Em 1831, uma epidemia de cólera devastou grande parte da população da cidade, o que fez com que o filósofo abandonasse a região, em agosto de 1831. O início do ano letivo, em outubro, fez com que ele retornasse para suas funções, o que o levou à morte um mês depois. Acredita-se que a causa de sua morte tenha sido a cólera, que ainda devastava grandes setores da cidade. Suas últimas palavras permanecem um enigma sobre a quem ele se referia.

| "TALVEZ EU NÃO TENHA VIVIDO EM VÃO..." |

"ABRA A SEGUNDA PERSIANA PARA QUE POSSA ENTRAR MAIS LUZ... VENHA MINHA FILHINHA, DÊ-ME SUA MÃO"

JOHANN WOLFGANG VON GOETHE

Nascimento:
28 de agosto de 1749, Frankfurt am Main, Alemanha, Sacro-Império Romano Germânico.

Falecimento:
22 de março de 1832, Weimar, Grão-ducado de Sachsen-Weimar, Alemanha.

Ocupação:
Filósofo, escritor e cientista naturalista.

Nota:
Goethe foi uma das mais importantes figuras da literatura alemã e do Romantismo europeu, no final do século XVIII e início do século XIX. Suas últimas palavras foram registradas por seu discípulo, Johann Peter Eckermann, que estava presente à sua morte. Frequentemente, suas últimas palavras são apresentadas como apenas "Mais luz", dando-lhe um caráter mais filosófico ao momento. Suas últimas palavras, entretanto, foram dirigidas à sua enteada, Ottilie, que o acompanhava em seus últimos momentos.

"NÃO CHORE, ALFRED! É PRECISO TODA MINHA CORAGEM PARA SE MORRER AOS VINTE ANOS!"

ÉVARISTE GALOIS

Nascimento:
25 de outubro de 1811, Bourg-la-Reine, França.
Falecimento:
31 de maio de 1832, Paris, França.
Ocupação:
Matemático.
Nota:
Galois, apesar da pouca idade, foi um dos principais expoentes do desenvolvimento do cálculo matemático, sendo que seu trabalho lançou as bases da Teoria de Galois, o ramo principal da álgebra abstrata. Na manhã de 30 de maio, Galois foi ferido em um duelo, no abdômen, levando-o ao falecimento no dia seguinte de peritonite e infecção generalizada. Ainda hoje não se sabe com certeza quem seria o seu oponente, nem os motivos do duelo, apesar de se acreditar que a causa poderia ser seu relacionamento com a filha de um respeitado médico parisiense, Stéphanie-Felice du Motel. Suas últimas palavras foram dirigidas a seu irmão, Alfred.

"SINTO QUE VOLTO A MIM"

WALTER SCOTT

Nascimento:
15 de agosto de 1771, Edimburgo, Escócia.
Falecimento:
21 de setembro de 1832, Melrose, Escócia.
Ocupação:
Escritor e poeta.
Nota:
Filho de um advogado, seu pai destinou-lhe a carreira de Direito, mas Walter Scott rapidamente a trocou pelos entusiasmos da literatura e pela adoração das antiguidades. Reconhecido por seus romances, é considerado o criador do verdadeiro romance histórico, destacando-se as obras "Robin dos Bosques", "Ivanhoé" e "A Noiva de Lammemoor" (que inspiraria o compositor italiano Gaetano Donizetti a compor sua ópera, "Lucia di Lammemoor"). Em seus últimos anos de vida, enfrentou graves dificuldades financeiras hipotecando todo o seu patrimônio e obras literárias por meio de um fundo a seus credores. Debilitado e com a saúde abalada, faleceu em sua mansão, Abbotsford House.

[Sobrinha: "Qual o problema tio James?"]
"NADA ALÉM DE UMA MERA MUDANÇA DE IDEIA, MINHA QUERIDA. SEMPRE CONVERSO MELHOR DEITADO"

JAMES MADISON JUNIOR

Nascimento:
16 de março de 1751, Port Conway, Virgínia, América Britânica.
Falecimento:
28 de junho de 1836, Montpelier, Virgínia, Estados Unidos da América.
Ocupação:
Advogado, deputado pelo estado da Virginia, secretário de Estado e presidente dos Estados Unidos da América entre 1809 e 1817.
Nota:
James Madison foi um dos "pais fundadores" dos Estados Unidos da América e o relator de sua Constituição, além de uma série de leis e regulamentos para a nova nação, atuando tanto no poder executivo daquele país, quanto no legislativo, sendo o primeiro ex-presidente a ingressar no Congresso após seu mandato.

| "TALVEZ EU NÃO TENHA VIVIDO EM VÃO..." |

"VÁ VIVER NO CAMPO... PERMANEÇA DE LUTO POR APENAS DOIS ANOS E ENTÃO SE CASE NOVAMENTE, MAS ESCOLHA ALGUÉM DECENTE"

ALEXANDER SERGEEVICH PUSHKIN

Nascimento:
6 de junho de 1799, Moscou, Império da Rússia.
Falecimento:
10 de fevereiro de 1837, São Petersburgo, Império da Rússia.
Ocupação:
Poeta, escritor e dramaturgo.
Nota:
Pushkin foi um dos maiores escritores do Romantismo russo e considerado como o pai da literatura moderna daquele país. Entre suas obras mais conhecidas, encontram-se "Boris Godunov", "O prisioneiro do Cáucaso" e "Ievgueny Onieguin". Como poeta, Pushkin fazia uso de expressões e lendas populares, marcando os seus versos com a riqueza e diversidade do idioma russo. Pushkin faleceu em um duelo com seu concunhado, o barão Georges Heckeren d'Anthes, filho adotivo do embaixador dos Países Baixos, em São Petersburgo; d'Anthes era casado com a irmã da esposa de Pushkin, Natalya Goncharova, mas havia rumores de que estava tentando seduzir a mulher de Pushkin. Após troca de cartas acusatórias entre os dois, um duelo foi marcado, sendo Pushkin ferido mortalmente. Ele veio a falecer dois dias depois, cercado pela esposa, amigos e vizinhos. Sua esposa seguiu o seu último pedido, casando-se dois anos depois com um oficial do exército chamado Lanskoi.

"OH, NÃO CHOREM… SEJAM CRIANÇAS BOAZINHAS E TODOS NÓS NOS ENCONTRAREMOS NO CÉU"

ANDREW JACKSON

Nascimento:
15 de março de 1767, reserva de Waxhaws, Carolina do Sul, América Britânica.
Falecimento:
8 de junho de 1845, Nashville, Tennessee, Estados Unidos da América.
Ocupação:
Promotor público, juiz, fazendeiro, general de exército, estadista, senador, deputado pelo estado do Tennessee, governador do estado da Flórida e presidente dos Estados Unidos da América entre 1829 e 1837.
Nota:
Jackson foi um dos mais combatentes presidentes dos Estados Unidos, tendo contribuído para a expansão territorial desta nação. Ele também foi um dos presidentes mais enfermos que o país já teve, sofrendo de dores crônicas de cabeça, dores abdominais, além de ter uma bala de mosquete alojada em seus pulmões que nunca foi removida. Após abandonar a carreira política, ele se retirou para sua propriedade rural, próximo à Nashville, permanecendo lá por oito anos até falecer de tuberculose, aos 78 anos.

"ESTE É O MEU FIM NESTA TERRA! ESTOU SATISFEITO COM TUDO"

JOHN QUINCY ADAMS

Nascimento:
11 de julho de 1767, Braintree, Massachusetts, América Britânica.
Falecimento:
23 de fevereiro de 1848, Washington D.C., Estados Unidos da América.
Ocupação:
Presidente dos Estados Unidos da América entre 1825 e 1829, estadista, advogado e diplomata.
Nota:
Filho do presidente John Adams, John Quincy Adams, desde jovem, esteve envolvido com os destinos políticos do país recém- formado, desempenhando um papel decisivo nas relações diplomáticas entre a França e os Estados Unidos da América. Foi eleito presidente dos Estados Unidos da América, e após o término de seu mandato, tornou-se deputado pelo estado de Massachusetts; quando ingressava no prédio do Congresso Americano, o Capitólio, sofreu um ataque fulminante vindo a falecer no próprio local algumas horas depois.

"EU A AMO SARAH. POR TODA A ETERNIDADE, EU A AMO"

JAMES KNOX POLK
Nascimento:
2 de novembro de 1795, Pineville, Carolina do Norte, Estados Unidos da América.
Falecimento:
15 de junho de 1849, Nashville, Tennessee, Estados Unidos da América.
Ocupação:
Advogado, fazendeiro e estadista, deputado, governador pelo estado do Tennessee e presidente dos Estados Unidos da América entre 1845 e 1849.
Nota:
Um dos últimos presidentes a defender o regime escravocrata nos Estados Unidos da América, Polk foi o responsável pela anexação da República Independente do Texas, como estado de seu país, e pela delimitação das atuais fronteiras do norte, oeste e sul dos Estados Unidos, encerrando a questão de fronteiras com o México e com a Inglaterra. Ao deixar a presidência, três meses antes do seu falecimento, encontrava-se abatido, vitimado pela cólera, contraída em Nova Orleans, ao visitar os produtores agrícolas e líderes políticos daquela cidade. Suas últimas palavras foram dirigidas à sua esposa, em seu leito de morte.

"SENHOR, AJUDE MINHA POBRE ALMA"

EDGAR ALLAN POE

Nascimento:
19 de janeiro de 1809, Boston, Massachusetts, Estados Unidos da América.
Falecimento:
7 de outubro de 1849, Baltimore, Maryland, Estados Unidos da América.
Ocupação:
Escritor, poeta, romancista, crítico literário e editor.
Nota:
No dia 3 de outubro de 1849, Poe foi encontrado nas ruas de Baltimore, com roupas que não eram as suas e levado para o Washington College Hospital, onde viria a falecer quatro dias depois. Na noite anterior à sua morte, Poe repetia continuamente o nome "Reynolds", não sendo possível até hoje identificar a quem ele se referia. Poe nunca conseguiu explicar coerentemente como tinha chegado à situação na qual foi encontrado. Os jornais da época relataram que a morte de Poe se devia em virtude de uma "congestão cerebral", termo frequentemente utilizado para designar vítimas do alcoolismo. As suas últimas palavras são fonte de grande discussão: segundo algumas fontes elas também teriam sido: "Tudo está acabado: escrevam que Eddy já não existe".

"A TERRA É SUFOCANTE... JURE QUE ELES ME CORTARÃO PARA QUE EU NÃO SEJA ENTERRADO VIVO"

FRYDERYK FRANCISZEK CHOPIN

Nascimento:
1º de março de 1810, Zelazowa Wola, perto de Varsóvia, Polônia.
Falecimento:
17 de outubro de 1849, Paris, França.
Ocupação:
Compositor e pianista.
Nota:
Antes do funeral de Chopin, de acordo com seu desejo ao morrer, seu coração foi retirado devido a seu medo de ser enterrado vivo. Ele foi posto por sua irmã em uma urna de cristal, destinada à Varsóvia. Seu coração permanece até hoje lacrado, dentro de um pilar da Igreja da Santa Cruz em Krakowskie Przedmiecie, debaixo de uma inscrição do Evangelho de Mateus, 6:21, "onde seu tesouro está, estará também seu coração". Chopin havia pedido que o "Réquiem" de Mozart fosse tocado em seu funeral. Os principais trechos do "Réquiem" foram compostos para cantoras, mas a Igreja de Madeleine, em Paris, onde ocorreria o funeral, nunca havia permitido cantoras em seu coro. O funeral foi atrasado em quase duas semanas, até que a Cúria de Paris autorizasse a cerimônia, contanto que as cantoras ficassem atrás de uma cortina de veludo preto.

"TALVEZ EU NÃO TENHA VIVIDO EM VÃO..."

"EU ESTOU PRONTO PARA MORRER. EU CUMPRI OS MEUS DEVERES COM FIDELIDADE... NÃO ME ARREPENDO DE NADA, APENAS TER QUE DEIXAR O CONVÍVIO DOS MEUS AMIGOS"

ZACHARY TAYLOR

Nascimento:
24 de novembro de 1784, Barboursville, Virgínia, Estados Unidos da América.
Falecimento:
9 de julho de 1850, Washington D.C. Estados Unidos da América.
Ocupação:
General de exército, presidente dos Estados Unidos da América entre 1849 e 1850.
Nota:
Zachary Taylor morreu 16 meses após o início de seu mandato, após ter consumido leite e biscoitos em uma celebração do Dia da Independência. Falecendo cinco dias depois, a causa da morte foi diagnosticada como gastrenterite. Pesquisas recentes levantaram a hipótese de assassinato por envenenamento, o que levou à exumação do corpo do ex-presidente, sem contudo, ficar determinado se os traços de arsênico encontrados nas amostras foram suficientes para ocasionar a sua morte.

"SIM, POR FAVOR, SE VOCÊ PUDER..."

ARTHUR WELLESLEY, DUQUE DE WELLINGTON

Nascimento:
29 de abril de 1769, Dublin, Irlanda, Reino Unido da Grã-Bretanha.

Falecimento:
14 de setembro de 1852, Walmer, Kent, Reino Unido da Grã-Bretanha.

Ocupação:
Marechal-de-campo, comandante-em-chefe das forças militares britânicas durante as Guerras Napoleônicas, primeiro-ministro do Reino Unido da Grã-Bretanha entre 1826 e 1830 e no período entre novembro e dezembro de 1834 e ministro das Relações Exteriores entre 1834 e 1836.

Nota:
Duque de Wellington foi um dos principais estrategistas militares britânicos e um dos responsáveis pela derrota das tropas francesas durante as Guerras Napoleônicas. Liderou as forças britânicas nas batalhas em Portugal e Espanha e ao lado dos comandantes prussianos e austríacos derrotou definitivamente Napoleão Bonaparte na Batalha de Waterloo. Ao retornar à Inglaterra, Wellington foi aclamado como herói nacional, gozando de um prestígio sem precedentes e lançou-se na vida pública e se tornou a figura principal do partido Tory. Suas últimas palavras foram dirigidas ao seu camareiro que lhe perguntou se poderia lhe servir uma xícara de chá. Foi sepultado na Catedral de São Paulo, em Londres, com grande pompa e comoção popular.

"EU JÁ NÃO O VEJO!"

JOÃO BAPTISTA DA SILVA LEITÃO DE ALMEIDA GARRETT

Nascimento:
4 de fevereiro de 1799, Porto, Portugal.
Falecimento:
9 de dezembro de 1854, Lisboa, Portugal.
Ocupação:
Escritor, poeta, dramaturgo, ministro dos Negócios e Estrangeiros e secretário de Estado.
Nota:
Nome maior da cultura portuguesa e uma das principais figuras do Romantismo português, Visconde de Almeida Garrett foi um político liberal, grande orador, embaixador, escritor e poeta de grande mérito. Está particularmente ligado ao teatro português, e a ele se deve a criação do Conservatório de Arte Dramática e do Teatro Nacional D. Maria II. Deixou obras repetidamente levadas à cena, como "Frei Luís de Sousa" e "O Alfageme de Santarém", além de sua obra-prima e o mais belo livro que escreveu, "Viagens na Minha Terra". Vitimado pelo câncer, proferiu suas últimas palavras, em seu leito de morte, ao amigo Gomes de Amorim.

"DEUS ME PERDOARÁ, AFINAL ESTE É O SEU TRABALHO"

CHRISTIAN JOHANN HEINRICH HEINE

Nascimento:
13 de dezembro de 1797, Düsseldorf, província do Reno, Império da Prússia.
Falecimento:
17 de fevereiro de 1856, Paris, França.
Ocupação:
Jornalista, ensaísta e o mais significativo dos poetas românticos alemães.
Nota:
Heinrich Heine foi um dos mais importantes poetas alemães do movimento
romântico. Judeu de nascimento, converteu-se ao Luteranismo, por considerar as
várias proibições e restrições aos judeus, então vigentes em muitos Estados
Alemães, pois o exercício de várias profissões e o acesso a diversos cargos públicos
ou privados em determinadas instituições, assim como o acesso a certas
universidades, eram proibidos aos judeus. Assim proclamou sua conversão como
um "bilhete de admissão na cultura europeia", apesar de não obter tal admissão
tão facilmente. Foi um crítico feroz da influência negativa das religiões sobre o
povo, cunhando a famosa expressão "a religião como ópio do povo", mais tarde
utilizada por Karl Marx, em sua obra, "Crítica da Filosofia Hegeliana do Direito".
Ele sofria de uma enfermidade que o manteve de cama pelos últimos oito anos de
sua vida, sendo sugerido por muitos que o mesmo sofria de esclerose múltipla ou
mesmo de sífilis.

| "TALVEZ EU NÃO TENHA VIVIDO EM VÃO..." |

"QUE PERDA IRREPARÁVEL!"

ISIDORE MARIE AUGUSTE FRANÇOIS XAVIER COMTE

Nascimento:
17 de janeiro de 1798, Montpellier, França Revolucionária.
Falecimento:
5 de setembro de 1857, Paris, França.
Ocupação:
Filósofo.
Nota:
Auguste Comte foi o fundador de uma corrente filosófica denominada Positivismo que influenciou sobretudo os pensadores da segunda metade do século XIX, inclusive os líderes intelectuais do republicanismo brasileiro. A filosofia positiva de Comte nega que a explicação dos fenômenos naturais, assim como sociais, provenha de um só princípio e a visão positiva dos fatos abandona a consideração das causas dos fenômenos, tornando-se pesquisa de suas leis, vistas como relações abstratas e constantes entre fenômenos observáveis. Tal filosofia inspiraria o lema da bandeira brasileira "Ordem e Progresso", extraído da máxima positivista "O amor como um princípio e a ordem como um fundamento; O progresso como um objetivo". A ele também é creditado a criação do termo "sociologia". Os últimos anos da vida de Comte, vitimado por um câncer avassalador, transcorreram em grande solidão e desencanto, sobretudo por ter sido abandonado por seu mais entusiasmado discípulo, o dicionarista Émile Littré; seu mais famoso discípulo não concordava com a ideia de uma nova religião.

"AGORA PODEMOS VELEJAR... ALCES... ÍNDIOS"

HENRY DAVID THOREAU

Nascimento:
12 de julho de 1817, Concord, Massachusetts, Estados Unidos da América.
Falecimento:
6 de maio de 1862, Concord, Massachusetts, Estados Unidos da América.
Ocupação:
Escritor, ensaísta, poeta, naturalista e filósofo.
Nota:
Thoreau era abolicionista, amava intensamente a natureza, detestava notícias (poluíam a mente, templo de reflexões, com banalidades), era contra o trabalho desvinculado do prazer (degradava o homem), panteísta, místico, solteirão convicto e contra as "boas maneiras". Mundialmente conhecido por seu livro "Walden, ou a Vida nos Bosques", de 1854, cujo texto principal é "eu fui à floresta porque queria viver livre. Eu queria viver profundamente, e sugar a própria essência da vida, para expurgar tudo o que não fosse vida; e não, ao morrer, descobrir que não havia vivido". Thoreau sofria de tuberculose, e nos últimos momentos de sua vida, uma de suas tias lhe pediu para que se reconciliasse com Deus, sendo que ele respondeu, muito calmamente: "Eu não sabia que nós tínhamos brigado". Suas últimas palavras foram proferidas quando delirava um pouco antes de expirar.

| "TALVEZ EU NÃO TENHA VIVIDO EM VÃO..." |

"VAMOS CRUZAR O RIO E DESCANSAR SOB A SOMBRA DAS ÁRVORES"

THOMAS JONATHAN "STONEWALL" JACKSON

Nascimento:
21 de janeiro de 1824, Clarksburg, Virgínia, Estados Unidos da América.
Falecimento:
10 de maio de 1863, Guinea Station, Virgínia, Estados Unidos da América.
Ocupação:
General de exército.
Nota:
Stonewall Jackson foi um general do exército confederado durante a Guerra Civil Norte-americana e provavelmente o comandante mais reverenciado depois do general Robert E. Lee, sendo um dos mais aclamados comandantes táticos da história militar dos Estados Unidos da América. Um vigia confederado acidentalmente o baleou na Batalha de Chacellorsville, em 2 de maio de 1863; o general sobreviveu, mas teve um de seus braços amputados. A causa de sua morte foi em virtude de complicações de uma pneumonia, oito dias depois deste acidente.

"TEXAS, TEXAS! MARGARET!"

SAMUEL HOUSTON

Nascimento:
2 de março de 1793, Rockbridge County, Virgínia, Estados Unidos da América..
Falecimento:
26 de julho de 1863, Huntsville, Texas, Estados Unidos da América.
Ocupação:
Estadista, político, soldado, governador do Tennessee, presidente da República Independente do Texas, senador e governador do estado do Texas (integrado aos Estados Unidos da América).
Nota:
Houston foi uma figura chave na história do Texas, participando da luta pela independência desta província do domínio mexicano e, posteriormente, em sua anexação aos Estados Unidos da América. Foi, por dois mandatos, presidente da República Independente do Texas, e após a anexação, senador e governador do estado durante os anos iniciais da Guerra da Secessão, declarando-se contrário ao conflito. Em seus últimos anos, sua saúde se deteriorou evoluindo para uma pneumonia persistente. Apesar dos esforços de seus médicos, Houston viria a falecer ao lado de sua esposa, Margaret.

| "TALVEZ EU NÃO TENHA VIVIDO EM VÃO..." |

"ELES NÃO VÃO PENSAR NADA DEMAIS"

ABRAHAM LINCOLN

Nascimento:
12 de fevereiro de 1809, Hodgenville, Kentucky, Estados Unidos da América.
Falecimento:
15 de abril de 1865, Washington D.C., Estados Unidos da América.
Ocupação:
Advogado, político, deputado pelo estado de Illinois entre 1847 e 1849 e
presidente dos Estados Unidos da América entre 1861 e 1865.
Nota:
O povo norte-americano pouco sabia a respeito de Lincoln quando ele assumiu a
Presidência, pois nada indicava que poderia enfrentar com êxito a maior crise da
história do país. A marcha dos acontecimentos se acelerou nos Estados sulistas
durante os meses que antecederam à sua posse, pois vários líderes do Sul haviam
ameaçado retirar seus Estados da Federação, caso Lincoln ganhasse as eleições.
Ao tomar posse, em março de 1861, sete Estados já haviam se retirado da União e
mais quatro fizeram o mesmo depois, formando, então, a Confederação dos
Estados da América. Terminada a Guerra Civil, Lincoln foi vítima de uma
organização sulista que pretendia vingar a derrota das forças do Sul.
Comparecendo à uma apresentação no Teatro Ford em Washington D.C.,
Lincoln foi baleado na cabeça por John Wilkes Booth. Suas últimas palavras
foram dirigidas à sua esposa que temia não ser bem interpretada por estar
segurando as mãos do presidente durante a peça.

"CONTE PARA MINHA MÃE, PARA MINHA MÃE, QUE EU MORRI PELO MEU PAÍS... [olhando para suas mãos] TUDO SEM SENTIDO... TUDO SEM SENTIDO..."

JOHN WILKES BOOTH

Nascimento:
10 de maio de 1838, Bel Air, Maryland, Estados Unidos da América.
Falecimento:
26 de abril de 1865, Port Royal, Virgínia, Estados Unidos da América.
Ocupação:
Ator e assassino do presidente norte-americano Abraham Lincoln.
Nota:
Booth e um grupo de conspiradores liderados por ele, planejaram matar Abraham Lincoln, o vicepresidente Andrew Johnson e outras autoridades do governo, com o fim de favorecer a causa confederada. Na noite de 15 de abril, Booth pulou no camarote de Lincoln, que assistia a uma peça teatral, e o alvejou na cabeça com uma pistola Derringer .44. Fugindo pelo palco, ele teria dito "sic semper tyrannis" atribuído a Brutus quando do assassinato de Júlio César. Booth fugiu para a fazenda de um simpatizante, Richard H. Garrett, onde foi emboscado pelas tropas federais 11 dias após o assassinato. Ferido à bala na nuca, que o paralisou, morreu três horas depois do confronto, proferindo suas últimas palavras ao médico do pelotão.

"POR FAVOR, NÃO ME DEIXE CAIR"

MARY ELIZABETH EUGENIA JENKINS SURRATT

Nascimento:
Junho de 1823, Waterloo, Maryland, Estados Unidos da América.
Falecimento:
7 de julho de 1865, Washington D.C. Estados Unidos da América.
Ocupação:
Comerciante.
Nota:
Mary Surratt tomou parte na conspiração que levou ao assassinato do presidente Lincoln por John Wilkes Booth. Apesar de negar sua participação, as investigações ao longo do julgamento comprovaram que Surratt forneceu a munição e as armas para o plano e abrigou os conspiradores após o assassinato do presidente. Condenada à morte por enforcamento, ela foi a primeira mulher a ser executada pelo governo norte-americano. Suas últimas palavras foram dirigidas ao seu carrasco, quando este colocou a corda em seu pescoço.

"EU PERDOO A TODOS E IMPLORO QUE TODOS TAMBÉM ME PERDOEM. E DESEJO QUE O MEU SANGUE, QUE AGORA VAI SER DERRAMADO, BENEFICIE O PAÍS. VIDA LONGA AO MÉXICO! VIDA LONGA À INDEPENDÊNCIA!"

MAXIMILIANO I DO MÉXICO
(FERDINAND MAXIMILIAN JOSEPH)

Nascimento:
6 de julho de 1832, Viena, Império Austríaco.
Falecimento:
19 de junho de 1867, Santiago de Querétaro, Estados Unidos Mexicanos.
Ocupação:
Príncipe imperial, arquiduque da Áustria, príncipe real da Hungria e imperador do México.
Nota:
MaximilianoI foi persuadido pelo imperador francês Napoleão III (que pretendia expandir sua influência na América) a aceitar a coroa do recém-fundado Império Mexicano (1864-1867); os conservadores mexicanos viram em sua pessoa a possibilidade de manter um sistema político que lhes era cômodo e que lhes parecia seguro por contar com o apoio das nações monarquistas europeias e da Igreja Católica. Devido às suas tendências liberais, logo perdeu o apoio dos conservadores e foi alvo da hostilidade de Benito Juarez e dos seguidores. A única proteção de Maximiliano era a presença de tropas francesas, fato que não persistiu durante muito tempo. Assumindo pessoalmente o comando de seus soldados, foi capturado, aprisionado, julgado por uma corte marcial e executado juntamente com dois de seus generais, proferindo suas últimas palavras diante do pelotão de fuzilamento. Sua execução foi retratada por Edouard Manet, em 1868, no quadro "Exécution de l'Empereur Maximilien du Mexique".

"EU ESTAREI COM CRISTO E ISSO JÁ SERÁ O SUFICIENTE".

MICHAEL FARADAY

Nascimento:
22 de setembro de 1791, South London, Inglaterra.
Falecimento:
25 de agosto de 1867, Hampton Court, Londres, Inglaterra.
Ocupação:
Físico e químico.
Nota:
Michael Faraday é considerado como um dos cientistas mais influentes de todos os tempos. Suas contribuições mais importantes e seus trabalhos mais conhecidos estão intimamente relacionados aos fenômenos da eletricidade e do magnetismo, realizando também importantes contribuições no campo da química experimental. Em seu leito de morte, proferiu suas últimas palavras ao ser questionado se já havia considerado o que iria fazer na outra vida.

"QUALQUER QUE SEJA O RESULTADO DISSO, LEVAREI PARA MINHA SEPULTURA A CONSCIÊNCIA LIMPA DE QUE TRABALHEI PARA O BEM DE MEU PAÍS... A HISTÓRIA VINGARÁ A MINHA LEMBRANÇA"

JAMES BUCHANAN JUNIOR

Nascimento:
23 de abril de 1793, Mercersburg, Pensilvânia, Estados Unidos da América.
Falecimento:
1º de junho de 1868, Lancaster, Pensilvânia, Estados Unidos da América.
Ocupação:
Advogado, deputado, senador pelo estado da Pensilvânia, embaixador norte-americano junto ao Império da Rússia, secretário de Estado da presidência de James Polk e presidente dos Estados Unidos da América entre 1857 e 1861.
Nota:
James Buchanan é considerado pelos historiadores políticos como um dos piores presidentes da história dos Estados Unidos da América, uma vez que suas ações não impediram a secessão dos Estados Confederados e a Guerra Civil que se adviria logo depois do término de seu mandato. Suas últimas palavras foram ditas aos seus familiares um dia antes de seu falecimento, entretanto a história ainda tem julgado seu mandato como extremamente prejudicial para a união e a estabilidade dos Estados Unidos da América.

"FINALMENTE, ELES IRÃO TOCAR MINHA MÚSICA"

LOUIS HECTOR BERLIOZ

Nascimento:
11 de dezembro de 1803, La Côte-Saint-André, Isère, Primeiro Império da França.
Falecimento:
8 de março de 1869, Paris, Segundo Império da França.
Ocupação:
Compositor e regente.
Nota:
Compositor do período romântico francês, autor da "Sinfonia Fantástica", "Os Troianos" e "A Danação de Fausto", Berlioz foi considerado pelo escritor e crítico Théophile Gautier como um dos membros da tríade romântica francesa, em conjunto com Victor Hugo e Delacroix. Durante sua vida, Berlioz foi mais famoso como regente do que como compositor, viajando regularmente por toda a Europa para reger óperas e música sinfônica de sua autoria e de outros compositores e foi em uma dessas viagens à Rússia, em 1868, que sua saúde foi seriamente abalada.

Ao retornar à França, viajou à cidade de Nice para tentar se recuperar, mas acabou sofrendo um derrame ao visitar os penhascos do litoral, rolando pelas pedras, o que lhe tornaria inválido pelos últimos anos de sua vida. Está sepultado ao lado de suas duas esposas, Harriet Smithson, falecida em 1854, e Marie Recio, falecida em 1862, no cemitério de Montmartre, em Paris.

"NO CHÃO!"

CHARLES JOHN HUFFAM DICKENS

Nascimento:
7 de fevereiro de 1812, Portsmouth, Inglaterra.
Falecimento:
9 de junho de 1870, Gad's Hill Place, Higham, Kent, Inglaterra.
Ocupação:
Escritor, cronista e romancista.
Nota:
Em seus últimos anos de vida, Charles Dickens, considerado um dos maiores escritores da língua inglesa, empreendeu uma série de viagens realizando leituras de suas obras em conferências por toda a Inglaterra, a Escócia e mesmo os Estados Unidos da América. Após um acidente de trem, em 1865, Dickens começou a sofrer de pequenos derrames cerebrais até o derradeiro que ocorreu à porta de sua residência. Suas últimas palavras foram dirigidas aos seus empregados, que vieram lhe socorrer para que seu corpo fosse colocado no chão.

"DIGA A HILL QUE ELE DEVE APARECER E PREPARAR O ACAMPAMENTO!"

ROBERT EDWARD LEE

Nascimento:
19 de janeiro de 1807, Strattford Hall, Virgínia, Estados Unidos da América.
Falecimento:
12 de outubro de 1870, Lexington, Virgínia, Estados Unidos da América.
Ocupação:
Engenheiro e general de exército.
Nota:
General Lee foi um dos mais celebrados líderes militares dos Estados Unidos da América e um dos comandantes das tropas confederadas durante a Guerra de Secessão. Ele era um dos descendentes de sir Thomas More. Lee morreu em virtude de uma pneumonia e suas últimas palavras, embora as atuais análises médicas apontem que o general não era capaz de falar em seus últimos momentos, estavam envoltas em certa confusão mental, ao convocar um de seus generais, Ambrose Powell Hill, falecido durante o conflito entre o Sul e o Norte dos Estados Unidos, cinco anos antes, para lhe preparar o caminho.

"TRANQUILO... INDEPENDENTE... PÁTRIA... SACRIFÍCIO... ÚLTIMO INFELIZMENTE"

MANUEL LUÍS OSÓRIO

Nascimento:
10 de maio de 1808, Conceição do Arroio (atual Osório), Rio Grande do Sul, Vice-reino do Brasil.

Falecimento:
4 de outubro de 1879, Rio de Janeiro, Rio de Janeiro, Império do Brasil.

Ocupação:
Marechal-de-exército, senador, primeiro e único barão, visconde e marquês do Erval e patrono da cavalaria do exército brasileiro.

Nota:
Herói da Guerra do Paraguai, Osório se destacou como um dos principais líderes militares do Império do Brasil. Com o seu falecimento, seguido por de outros militares monarquistas fiéis a Pedro II, abriu-se espaço para uma nova geração de militares que sofreu forte influência dos caudilhistas e insubordinados dos países vizinhos e, que eram, em sua maior parte, indiferentes à Monarquia quando não seus opositores. Faleceu junto à sua família, vitimado por problemas renais.

"CONFIRMAREI DIANTE DE DEUS TUDO QUANTO AFIRMEI DIANTE DOS HOMENS!"

JOSÉ MARIA DA SILVA PARANHOS, VISCONDE DO RIO BRANCO

Nascimento:
16 de março de 1819, Salvador, Bahia, Reino Unido do Brasil, Portugal e Algarve.
Falecimento:
1° de novembro de 1880, Rio de Janeiro, Rio de Janeiro, Império do Brasil.
Ocupação:
Professor, jornalista, diplomata, estadista, senador pela província do Mato Grosso, presidente do Conselho de Ministros do II Império entre 1871 e 1875 e grão-mestre do Grande Oriente do Brasil entre 1871 e 1880.
Nota:
Paranhos, o visconde do Rio Branco, é lembrado principalmente por ter sido o seu gabinete, em 1872, que promulgou a primeira lei abolicionista do País – "Lei do Ventre Livre". Sua atuação política também implementou uma série de direitos sociais e cíveis, como a instituição do "habeas corpus", da adoção do conceito do "uti possidetis", segundo o qual cada país tem direito às terras que seus habitantes efetivamente ocupam, e por vários progressos na área social, como o aprimoramento do ensino, e na infraestrutura do Império, com o incentivo à construção de estradas de ferro e de linhas telegráficas. Delirando em seu leito de morte, Rio Branco balbuciou suas últimas palavras: "Senhor Presidente: peço licença para falar com muita pausa, devido ao meu melindroso estado de saúde... Confirmarei diante de Deus tudo quanto afirmei diante dos homens!" Frequentemente, atribuem-lhe a frase: "Não esqueçam da Lei do Elemento Servil", como sendo suas últimas palavras, mas não há comprovação real delas.

"RÁPIDO... PARA O PALÁCIO... PARA MORRER"

ALEXANDRE II
(ALEKSANDR II NIKOLAEVICH)

Nascimento:
29 de abril de 1818, Moscou, Império da Rússia.
Falecimento:
13 de março de 1881, São Petersburgo, Império da Rússia.
Ocupação:
Czar do Império da Rússia, grão-duque da Finlândia e rei da Polônia.
Nota:
Alexandre II ficou conhecido por suas reformas liberais e modernizadoras, por meio das quais procurou renovar a cristalizada sociedade russa. Suas reformas incluíram a abolição do trabalho servil em seu país, com a liberdade de mais de 22 milhões de servos dos campos, bem como a modernização do comércio e da indústria. Foi ferido mortalmente em um atentado terrorista organizado pelo grupo radical anarquista "Narodnaya volya" ("A Vontade do Povo"). Sua guarda pessoal ouviu-o murmurar suas últimas palavras quando o encontraram lançado sob o assento de sua carruagem após o ataque com bombas, lançado pelo grupo anarquista, em uma tentativa de assassinato. Sua perna esquerda foi decepada; horas após chegar ao Palácio Imperial, veio a falecer em virtude dos seus ferimentos.

"¿QUIÉN ES? ¿QUIÉN ES?"

BILLY THE KID, pseudônimo de HENRY McCARTY

Nascimento:
23 de novembro de 1859, Nova Iorque, Nova Iorque, Estados Unidos da América.
Falecimento:
14 de julho de 1881, Fort Sumner, Novo México, Estados Unidos da América.
Ocupação:
Pistoleiro e fora-da-lei, uma das lendas do Velho Oeste norte-americano.
Nota:
Caçado pelo xerife Pat Garrett por três estados, Billy the Kid se refugiou na vizinha de Fort Sumner após três meses de sua fuga da prisão de Lincoln County, Nebrasca. Após uma denúncia de que McCarty estaria no Novo México, Garrett procurou um dos amigos de McCarty e, enquanto conversava com este, surpreendeu o bandido que chegava no mesmo instante. Há duas versões para o ocorrido, a primeira diz que McCarty, ao entrar, não conseguiu reconhecer quem estava na sala e, sacando sua pistola, declarou suas últimas palavras momentos antes de ser atingido por dois tiros diretamente na cabeça; a outra versão, afirma que Garrett emboscou McCarty assim que este último ingressou na sala onde o primeiro se encontrava.

[Dirigindo-se ao seu chefe de gabinete, David G. Swaim]
"OH SWAIM, SINTO DOR AQUI... SWAIM, VOCÊ NÃO CONSEGUE FAZÊ-LA PARAR? OH, OH, SWAIM!"

JAMES ABRAM GARFIELD

Nascimento:
19 de novembro de 1831, Moreland Hills, Ohio, Estados Unidos da América.
Falecimento:
19 de setembro de 1881, Elberon, Nova Jérsei, Estados Unidos da América.
Ocupação:
General do exército da União, deputado pelo estado de Ohio e presidente dos Estados Unidos da América entre 4 de março e 19 de setembro de 1881.
Nota:
Em julho de 1881, Garfield estava se dirigindo a pé até à estação ferroviária de Washington D.C. para uma viagem que realizaria até à Williams College, em Massachusetts, quando foi baleado por Charles J. Guiteau, um funcionário do governo que não conseguira ser nomeado para o cargo de diplomata em Paris, pois não possuía as qualificações necessárias. Após agonizar por vários meses na Casa Branca, Garfield foi transferido para Nova Jérsei com a esperança de que o ar mais fresco pudesse melhorar suas condições, não evitando, contudo, o seu falecimento por septicemia e rompimento de um aneurisma da artéria.

"TALVEZ EU NÃO TENHA VIVIDO EM VÃO..."

"PELO MENOS, NÃO TENHO MEDO DE MORRER"

CHARLES ROBERT DARWIN

Nascimento:
12 de fevereiro de 1809, Mount House, Shrewsbury, Inglaterra.
Falecimento:
19 de abril de 1882, Down House, Downe, Kent, Inglaterra.
Ocupação:
Cientista naturalista, autor da Teoria da Evolução, expressada na obra "Sobre a Origem das Espécies".
Nota:
Charles Darwin desejava ser enterrado nos jardins da igreja de St. Mary, em Downe, mas atendendo ao pedido de seus colegas cientistas, William Spottiswoode, presidente da "Royal Society of London for the Improvement of Natural Knowledge" ("Sociedade Real de Londres para o Progresso do Conhecimento da Natureza"), obteve junto ao governo inglês um funeral de Estado, sendo enterrado na Abadia de Westminster, próximo ao túmulo de sir Isaac Newton.

"MOVAM MINHA CAMA PARA QUE EU POSSA VER O MAR COR DE ESMERALDA E SAFIRA"

GIUSEPPE GARIBALDI

Nascimento:
4 de julho de 1807, Nice, Império de França.
Falecimento:
2 de junho de 1882, Caprera, Reino da Itália.
Ocupação:
Soldado e líder político.
Nota:
Garibaldi, alcunhado de "herói de dois mundos" devido à sua participação em conflitos na Europa e na América do Sul, participou ativamente da Revolução dos Farrapos, no Brasil, e foi uma das mais notáveis figuras do processo de unificação italiana, ao lado de Giuseppe Mazzini e de Cavour. Garibaldi dedicou sua vida à luta contra a tirania, apesar de ser considerado por alguns ramos da história como um miliciano mercenário. Casou-se com Anita, vindo esta a falecer quando retornou da Itália. Nos últimos anos de vida, foi acometido por artrite que o impossibilitava de deixar o leito. Mudou-se para Caprera na costa da Sardenha, onde viria a falecer ao lado de sua esposa, Francesca Armosino, com quem teve três filhos.

"ESTOU MUITO MAL!"

WILHELM RICHARD WAGNER

Nascimento:
22 de maio de 1813, Leipzig, Saxônia, Alemanha.
Falecimento:
13 de fevereiro de 1883, Veneza, Itália.
Ocupação:
Músico e compositor
Nota:
Richard Wagner é o principal expoente da música operística alemã do século
XIX, compondo peças que se identificam com a natureza germânica, e
considerado como um dos grandes gênios musicais. Viveu protegido pelo rei Luís
da Baviera que lhe proporcionou uma vida faustosa; além disso, o rei mandou
edificar ao musicista o Teatro de Bayreuth. Casou-se com Cosima Liszt, filha do
compositor Franz Liszt. Sofrendo gravemente de ataques de angina, Wagner e a
família se dirigem à cidade de Veneza, após a realização do segundo Festival de
Bayreuth, em 1882. Em fevereiro de 1883, Wagner sofreu um ataque fulminante
do coração, no Palazzo Vendramin. Seu corpo foi trasladado para a Alemanha e se
encontra enterrado nos jardins da Villa Wahnfried.

"VAMOS, FORA! ÚLTIMAS PALAVRAS SÃO PARA AQUELES TOLOS QUE NÃO FALARAM O BASTANTE!"

KARL HEINRICH MARX

Nascimento:
5 de maio de 1818, Trier, Império da Prússia.
Falecimento:
14 de março de 1883, Londres, Inglaterra.
Ocupação:
Filósofo, economista político, sociólogo, humanista, teórico político,
revolucionário e ícone mundial do Comunismo
Nota:
Karl Marx nunca se recuperou da perda de sua única filha, Jenny, que faleceu em janeiro de 1883; entre fevereiro e março do mesmo ano, Marx sofreu graves crises de bronquite e foi diagnosticado a existência de um tumor em sua língua. Costumava passar várias horas em silêncio em uma cadeira, sentado em seu jardim. No dia do seu falecimento, seu jardineiro lhe perguntou quais seriam suas últimas palavras, tendo como resposta a famosa frase acima. Marx viria a morrer no mesmo dia, em silêncio.

"ESTA É UMA BATALHA ENTRE A LUZ E AS TREVAS... EU VEJO UMA LUZ NEGRA"

VICTOR-MARIE HUGO

Nascimento:
26 de fevereiro de 1802, Besançon, Império da França.
Falecimento:
22 de maio de 1885, Paris, República da França.
Ocupação:
Poeta, dramaturgo, escritor, estadista, ativista dos direitos humanos e o mais importante expoente do Romantismo na França.
Nota:
Victor Hugo faleceu aos 83 anos, de causas naturais, gerando intensa comoção pública na França. Ele não era somente reverenciado como uma figura de destaque na literatura francesa, mas também era reconhecido internacionalmente como um estadista que contribuiu para preservar a democracia e a moldar a Terceira República Francesa. Mais de 2 milhões de pessoas compareceram ao cortejo fúnebre, que saiu do Arco do Triunfo e prosseguiu até o Panteão, onde foi enterrado ao lado dos escritores Alexandre Dumas e Émile Zola.

"ÁGUA".

ULYSSES S. GRANT, nascido HIRAM ULYSSES GRANT

Nascimento:
27 de abril de 1822, Point Pleasent, Ohio, Estados Unidos da América.
Falecimento:
23 de julho de 1885, Mount MacGregor, Nova Iorque, Estados Unidos da
América.
Ocupação:
General de exército, comandante-em-chefe das forças militares da União durante
a Guerra dr Secessão norte-americana e presidente dos Estados Unidos da
América entre 1869 e 1877.
Nota:
Grant sofria de câncer na garganta e no momento de sua morte estava
praticamente falido, vivendo na miséria em companhia de sua esposa, o que o
levou a escrever suas memórias em troca de um adiantamento referente aos
"royalties" de venda do livro. Suas últimas palavras foram um pedido, feito à sua
esposa. A situação de penúria em que vivia levou o Congresso dos Estados Unidos
da América a iniciar estudos para se implantar uma pensão vitalícia aos ex-
presidentes, evitando-se, com isso, que um ex-dirigente da nação passasse por
problemas financeiros; esta lei foi aprovada apenas em 1958.

| "TALVEZ EU NÃO TENHA VIVIDO EM VÃO..." |

"BRASIL, TERRA ABENÇOADA QUE NUNCA MAIS VEREI"

TERESA CRISTINA MARIA JOSEFA GASPAR BALTAZAR MELQUIOR JANUÁRIA ROSÁLIA LÚCIA FRANCISCA DE ASSIS ISABEL FRANCISCA DE PÁDUA DONATA BONDOSA ANDRÉ D'AVELINO RITA LEODEGÁRIA GERTRUDES VENÂNCIA TADEIA ESPIRIDIÃO ROCA MATILDA DE BOURBON-SICÍLIAS E BRAGANÇA

Nascimento:
14 de março de 1822, Nápoles, Reino das Duas Sicílias
Falecimento:
28 de dezembro de 1889, Porto, Portugal.
Ocupação:
Princesa do Reino das Duas Sicílias e imperatriz consorte do Brasil
Nota:
Dona Teresa Cristina, a última imperatriz do Brasil, faleceu em condições dramáticas, vítima de uma síncope cardíaca, poucos dias depois da Proclamação da República do Brasil. Durante toda a viagem marítima que conduziu a família imperial rumo ao exílio, Dona Teresa Cristina esteve em estado de choque, entorpecida pelo tratamento rude que os republicanos dedicaram à dinastia deposta. Ao embaixador da Áustria, presente no embarque, perguntou: "Que fizemos para sermos tratados como criminosos?". No desembarque em Portugal retirou-se para um hotel simples, na cidade do Porto, onde se sentiu mal, falecendo logo em seguida.

"EU NÃO VOU. FAÇAM O QUE VOCÊS QUISEREM COMIGO, MAS EU NÃO IREI. VENHAM! VENHAM SE VOCÊS TÊM CORAGEM! VENHAM!"

CHEFE TOURO SENTADO (THATHAHKA IYOTHAHKA)

Nascimento:
ca. 1831, Grand River, Dakota do Sul, Estados Unidos da América.
Falecimento:
15 de dezembro de 1890, reserva indígena de Standing Rock, Estados Unidos da América.
Ocupação:
Chefe indígena norte-americano da tribo dos sioux hunkpapa.
Nota:
Touro Sentado foi um dos principais líderes indígenas a enfrentar o exército norte-americano contra a ocupação de suas terras e a emigração forçada das tribos para reservas fechadas. Após derrotar o general Custer e ter trabalhado no espetáculo de Buffallo Bill, Touro Sentado se sentiu atraído pela "Dança dos Fantasmas", religião fundada pelo suposto messias Wovoca. Segundo o profeta, que se dizia o próprio Cristo, a dança faria com que nos próximos anos a terra engoliria os homens brancos das terras indígenas. A comissão para assuntos indígenas do governo norte-americano viu nessas danças uma ameaça à nação e encaminhou uma milícia formada por 43 homens para prender Touro Sentado. No embate ocorrido, Touro Sentado e seu filho morreram baleados na luta que se seguiu à tentativa de prisão.

"VAMOS VER AQUILO DE PERTO! VEREMOS O QUE NUNCA NINGUÉM VIU"

ANTÔNIO DA SILVA JARDIM

Nascimento:
18 de agosto de 1860, Vila de Capivari (atual Silva Jardim), Rio de Janeiro, Império do Brasil.
Falecimento:
1° de julho de 1891, Monte Vesúvio, Nápoles, Itália.
Ocupação:
Advogado, jornalista e ativista político.
Nota:
Silva Jardim teve grande atuação nos movimentos abolicionista e republicano, particularmente no Rio de Janeiro, e na defesa da mobilização popular para que os movimentos produzissem resultados efetivos em prol de toda a sociedade. Após ser derrotado nas eleições para o deputado federal, retirou-se da política e viajou para o exterior. Ao visitar Pompeia e o monte Vesúvio, convenceu o amigo Carneiro de Mendonça a se aproximar da cratera. Suas últimas palavras foram proferidas ao amigo, instantes antes de cair na cratera do Vesúvio, após um tremor provocado por um abalo da erupção.

"EU SEI QUE ESTOU INDO PARA ONDE LUCY ESTÁ"

RUTHERFORD BIRCHARD HAYES

Nascimento:
4 de outubro de 1822, Delaware, Ohio, Estados Unidos da América.
Falecimento:
17 de janeiro de 1893, Fremont, Ohio, Estados Unidos da América.
Ocupação:
Advogado, general de brigada, deputado, governador pelo estado de Ohio e
presidente dos Estados Unidos da América entre 1877 e 1881
Nota:
Rutherford Birchard Hayes morreu de complicações advindas de um ataque
cardíaco, ao meio-dia, de 17 de janeiro de 1893. Suas últimas palavras se referem à
sua esposa Lucy Ware Webb Hayes que havia falecido em 1885 e foi considerada
por muitos como uma mulher excepcional e uma das mais atuantes primeiras-
damas da história norte-americana, sendo decisivo o seu papel na luta pela
abolição da escravatura no país.

"PEQUENOS SACRIFÍCIOS SEMPRE DEVEM SER FEITOS!"

KARL WILHELM OTTO LILIENTHAL

Nascimento:
23 de maio de 1848, Anklam, Pomerânia, Império da Prússia.
Falecimento:
10 de agosto de 1896, Berlim, Império da Alemanha.
Ocupação:
Engenheiro, cientista e aviador.
Nota:
Otto Lilienthal foi o pioneiro da aviação, ficando conhecido como "pai do voo planado" e um dos pesquisadores para a criação de uma máquina motorizada mais pesada do que o ar. Lilienthal realizou cerca de 2 mil voos planados entre 1891 e 1896, atingindo, em alguns, cerca de 350 metros de distância. Em 9 de agosto de 1896, uma forte rajada de ar em um voo de planeio fez com que a asa de seu planador ficasse danificada, fazendo com que o aeroplano caísse de uma altura de 17 metros, quebrando-lhe a coluna vertebral. Ele morreu no dia seguinte. Suas últimas palavras foram proferidas após sua esposa ter-lhe perguntando se todo aquele sacrifício seria realmente necessário.

"QUAL, O MANO JUCA NÃO CHEGA... EU SOU MESMO O MAIS CAIPORA DOS CAIPIRAS..."

ANTONIO CARLOS GOMES

Nascimento:
11 de julho de 1836, Campinas, São Paulo, Império do Brasil.
Falecimento:
16 de setembro de 1896, Belém, Pará, Estados Unidos do Brasil.
Ocupação:
Músico, compositor e operista.
Nota:
Após a queda do Império do Brasil, Carlos Gomes ingressou em um período de ostracismo devido às suas ligações com a Casa Imperial. Levado para Belém, no Pará, pelo presidente da província, Lauro Sodré, para organizar e dirigir o Conservatório daquele Estado, foi acometido por grave moléstia que o levaria à morte; o compositor sofria de câncer na língua. Cercado por autoridades e amigos, tendo o presidente da província Lauro Sodré à cabeceira de seu leito, Carlos Gomes morreu às 22 horas e 20 minutos do dia 16 de setembro de 1896. Seu corpo foi embalsamado e fotografado, como era costume à época, e, em seguida, exposto à visitação pública, cercado de flores e objetos como partituras e instrumentos musicais, bem de acordo com a idealizada "morte bela" do Romantismo. Suas últimas palavras se referem ao fato de seu irmão, o também músico e compositor, José Pedro Sant'Anna Gomes, não ter chegado a tempo antes de seu falecimento.

"AH, ISSO É MUITO BOM. OBRIGADO"

JOHANNES BRAHMS

Nascimento:
7 de maio de 1833, Hamburgo, Império da Prússia, Alemanha.
Falecimento:
3 de abril de 1897, Viena, Império Austro-Húngaro.
Ocupação:
Músico e compositor.
Nota:
Em 1896, o compositor Johannes Brahms, um dos mais importantes do século XIX, desenvolveu câncer (algumas fontes diferem se o tumor era de fígado ou de pâncreas). Sua condição foi se deteriorando gradualmente e suas últimas palavras foram ditas após ele ter tomado um pequeno cálice de vinho.

"LEVEM EMBORA ESTES TRAVESSEIROS, POIS NÃO PRECISAREI MAIS DELES"

LEWIS CARROLL, pseudônimo de CHARLES LUTWIDGE DODGSON

Nascimento:
27 de janeiro de 1832, Daresbury, Cheshire, Inglaterra.
Falecimento:
14 de janeiro de 1898, Guildford, Surrey, Inglaterra.
Ocupação:
Escritor, matemático, sacerdote anglicano e fotógrafo.
Nota:
Lewis Carroll é famoso por ser o autor de "Alice no País das Maravilhas" e suas continuações, obras recheadas por grandes quantidades de fantasia, charadas e metáforas sobre a sociedade vitoriana. Seu relacionamento com jovens meninas, aliado com seus inúmeros registros fotográficos das mesmas em situações sensuais, levaram os especialistas e biógrafos a considerá-lo um pedófilo, embora outros considerem que seu posicionamento se restringisse a um "culto da infância" vitoriano, isento de quaisquer referências sexuais. Carroll faleceu na casa de sua irmã um pouco antes de completar 66 anos de idade, vitimado por uma pneumonia que evoluiu a partir de uma forte gripe.

"TALVEZ EU NÃO TENHA VIVIDO EM VÃO..."

"O QUE ACONTECEU COMIGO?"

ELIZABETH DA ÁUSTRIA
(ELISABETH AMALIE EUGENIE)

Nascimento:
24 de dezembro de 1837, Munique, Reino da Baviera.
Falecimento:
10 de setembro de 1898, Genebra, Suíça.
Ocupação:
Imperatriz consorte da Áustria, rainha consorte da Hungria e duquesa da Baviera
Nota:
Elizabeth da Áustria, mundialmente conhecida como "imperatriz Sissi" era a esposa do imperador Franz Josef e sua vida foi amplamente divulgada, principalmente pelo cinema. Em setembro de 1898, Elizabeth visitava Genebra e foi ferida mortalmente por um assassino anarquista chamado Luigi Lucheni, que falhando em encontrar um dos herdeiros da Casa de Orleans, voltou-se para Elizabeth e a atingiu, enquanto ela passeava no lago Genebra, a bordo de um vapor que se dirigia à Montreux. Após sua prisão, Lucheni declarou "eu desejava matar um membro da realeza, não importava quem fosse". Elizabeth da Áustria sangrou até a morte, em virtude do ferimento se localizar próximo ao coração.

"EIS A MORTE, DEVEMOS TIRAR-LHE O CHAPÉU"

ALFREDO MARIA ADRIANO D'ESCRAGNOLLE TAUNAY

Nascimento:
22 de fevereiro de 1843, Rio de Janeiro, Rio de Janeiro, Império do Brasil.
Falecimento:
25 de janeiro de 1899, Rio de Janeiro, Rio de Janeiro, Estados Unidos do Brasil.
Ocupação:
Escritor, professor, político, historiador, sociólogo, deputado, senador e
presidente da província de Santa Catarina.
Nota:
Visconde de Taunay foi um autor prolífico, produzindo ficção, sociologia, música
(compondo e tocando), história e outros assuntos mais. Os críticos consideram
sua obra "Inocência" como seu melhor livro. Com a Proclamação da República,
em 1889, Taunay deixou a política para sempre. Faleceu vitimado pela diabetes,
no dia 25 de janeiro de 1899.

"SE REALMENTE EXISTE UM DEUS VIVO, SOU O MAIS MISERÁVEL DOS HOMENS"

FRIEDRICH WILHELM NIETZSCHE

Nascimento:
15 de outubro de 1844, Röcken, Reino da Saxônia, Alemanha
Falecimento:
25 de agosto de 1900, Weimar, Império da Alemanha.
Ocupação:
Filósofo e filólogo.
Nota:
Nietzsche, um dos mais influentes filósofos alemães do século XIX, é autor de conceitos que norteariam a filosofia do final daquele século como a morte de Deus, a decadência das religiões ocidentais e a superação das necessidades teológicas pela ciência e pelo avanço da humanidade, expressados em suas obras como "Assim Falava Zaratrusta" e "Ecce Homo". Nietzsche, acometido por um tumor cerebral produzido pela sífilis que o levou várias vezes a internações em casas de repouso, declarou à sua irmã suas últimas palavras.

"SONHEI QUE HAVIA MORRIDO E QUE CEIAVA COM A MORTE!"

OSCAR FINGAL O'FLAHERTIE WILLS WILDE

Nascimento:
16 de outubro de 1854, Dublin, Irlanda.
Falecimento:
30 de novembro de 1900, Paris, França.
Ocupação:
Escritor, dramaturgo e poeta.
Nota:
Wilde, após sua saída da prisão, mudou-se para Paris e passou a viver no Hôtel d'Alsace. Na verdade, as últimas palavras de Wilde não são conhecidas, uma vez que o escritor estava semiconsciente em virtude de uma meningite, que o levou à morte. As últimas palavras registradas proferidas por Wilde foram ditas a Reginald "Reggie" Turner alguns dias antes de seu falecimento. Em seu leito de morte, Wilde se converteu ao Catolicismo, recebendo o batismo e a extrema-unção. Um dos seus amigos presentes à cerimônia, Robert Ross, em carta a More Adey, datada de 4 de dezembro de 1900, afirmou, posteriormente, que embora Wilde não estivesse "acordado", o mesmo respondia a todas as solicitações do sacerdote com um aceno de mão ou de cabeça. A famosa frase de Wilde, "Este papel de parede e eu estamos lutando um duelo mortal. Um de nós terá que sair", frequentemente apresentada como suas últimas palavras na verdade, foi dita alguns meses antes de sua morte, quando o mesmo iniciara a reforma de sua suíte, no Hôtel d'Alsace, em Paris.

"ADEUS, ADEUS A TODOS. É A VONTADE DE DEUS... QUE O DESEJO DELE E NÃO O NOSSO SEJA FEITO"

WILLIAM McKINLEY JUNIOR

Nascimento:
29 de janeiro de 1843, Niles, Ohio, Estados Unidos da América.
Falecimento:
14 de setembro de 1901, Búfalo, Nova Iorque, Estados Unidos da América.
Ocupação:
Advogado, político, governador do estado de Ohio e presidente dos Estados Unidos da América entre 1897 e 1901.
Nota:
O presidente William McKinley estava cumprimentando o público que estava visitava o pavilhão da Música, na Exposição Pan-americana, em Búfalo, Nova Iorque, quando foi alvejado com dois tiros pelo anarquista Leon Frank Czolgosz. O presidente sobreviveu à operação, mas nove dias depois veio a falecer em virtude de gangrena e septicemia.

"EU MATEI O PRESIDENTE POR ELE SER O INIMIGO DO BOM POVO, DO BOM POVO TRABALHADOR. NÃO ME LAMENTO PELO CRIME QUE COMETI. [cerrando os dentes] EU APENAS LAMENTO NÃO PODER REVER MEU PAI".

LEON FRANK CZOLGOSZ

Nascimento:
1° de janeiro de 1873, Detroit, Estados Unidos da América.
Falecimento:
29 de outubro de 1901, Auburn, Nova Iorque, Estados Unidos da América.
Ocupação:
Metalúrgico, militante anarquista e regicida.
Nota:
Czolgosz no primeiro ano do século XX recorreu a táticas violentas de combate ao Capitalismo e ao Estado, levadas às suas últimas consequências ao assassinar o presidente dos Estados Unidos da América William McKinley, em 6 de setembro de 1901 na Exposição Pan-americana, em Búfalol, Nova Iorque. Leon Czolgosz foi eletrocutado por meio de três eletrodos cada um com uma potência de 1700 volts, na prisão de Auburn, Nova Iorque. A execução de Czolgosz foi filmada como uma herança para a "posteridade" pelo famoso cientista e inventor, Thomas Edison, que também auxiliou na invenção da cadeira elétrica.

"NÃO SAIREI MAIS DE PERTO DO GASPAR"

PRUDENTE JOSÉ DE MORAES E BARROS

Nascimento:
4 de outubro de 1841, Itu, São Paulo, Império do Brasil.
Falecimento:
13 de dezembro de 1902, Piracicaba, São Paulo, Estados Unidos do Brasil.
Ocupação:
Advogado, fazendeiro, político, deputado, senador, presidente da província de São Paulo, presidente da Assembléia Constituinte e do Senado Republicano e presidente da República dos Estados Unidos do Brasil entre 1894 e 1898.
Nota:
Prudente de Moraes desfrutava de grande popularidade, quando passou o cargo de presidente da República a seu sucessor, Campos Salles, e retirou-se para Piracicaba, onde exerceu novamente a advocacia por alguns anos. Sofrendo de tuberculose, viria a falecer cercado por seus familiares. Gaspar era o coveiro do cemitério da cidade de Piracicaba.

"CORAGEM EU TENHO, O QUE ME FALTA É AR"

JÚLIO PRATES DE CASTILHOS

Nascimento:
29 de junho de 1860, Cruz Alta, Rio Grande do Sul, Império do Brasil.
Falecimento:
24 de outubro de 1903, Porto Alegre, Estados Unidos do Brasil.
Ocupação:
Jornalista, advogado, político e governador da província do Rio Grande do Sul
em 1891 e de 1893 a 1898.
Nota:
Júlio de Castilhos exerceu influência singular sobre a política gaúcha: redigiu
praticamente sozinho a Constituição do Estado do Rio Grande do Sul, de 1891, e
usou todos os meios possíveis para sua aprovação. Tal constituição se inspirava
fortemente no Positivismo do filósofo francês Auguste Comte e garantia ao
governante os meios legais de implementar a política de inspiração positivista.
Embora tida por autoritária, tal constituição pretendia implementar, no caráter
do regime republicano, aspectos racionais, baseados na História e na Ciência a
fim de superar aspectos populares ou metafísicos. O "castilhismo" se consolidou
como corrente política e teve voz ativa por cerca de 40 anos, influenciando as
ações e o governo de Getúlio Vargas. Júlio de Castilhos morreu prematuramente,
em 1903, vítima de câncer na garganta, durante uma operação para a tentativa de
remoção do tumor.

"FAZ MUITO TEMPO QUE EU TOMEI CHAMPANHE PELA ÚLTIMA VEZ".

ANTON PAVLOVITCH TCHÉKHOV

Nascimento:
29 de janeiro de 1860, Taganrog, Império da Rússia.
Falecimento:
15 de julho de 1904, Badenweiler, Império da Alemanha.
Ocupação:
Médico, escritor e dramaturgo.
Nota:
Anton Tchékhov sofria de tuberculose. Seus últimos momentos foram relatados por sua esposa, Olga Knipper, em 1908: "Anton se sentou de um modo surpreendentemente forte, e disse em alto e bom som, em alemão, mesmo não sabendo quase nada da língua 'Ich sterbe'. O médico o acalmou, deu-lhe uma injeção de cânfora e pediu que lhe trouxesse champanhe. Anton tomou uma taça cheia, examinou-a, sorriu e disse suas últimas palavras. Logo em seguida, ele tombou sobre seu lado esquerdo e tive tempo apenas de lhe socorrer, mas ele já não mais respirava, aparentando que dormia pacificamente como uma criança".

"SANGUE"

JOSÉ CARLOS DO PATROCÍNIO

Nascimento:
8 de outubro de 1854, Campos dos Goytacazes, Rio de Janeiro, Império do Brasil.
Falecimento:
30 de janeiro de 1905, Rio de Janeiro, Rio de Janeiro, Estados Unidos do Brasil.
Ocupação:
Farmacêutico, jornalista, escritor e ativista político.
Nota:
Uma das mais destacadas figuras do movimento abolicionista brasileiro, José do Patrocínio fundou junto com Joaquim Nabuco a "Sociedade Brasileira Contra a Escravidão". Após a Proclamação da República, entrou em conflito político com o governo do marechal Floriano Peixoto, sendo detido e deportado para Cucuí, no Amazonas. Ao retornar para o Rio de Janeiro, um ano depois, afastou-se da política e foi diagnosticado com tuberculose. Enquanto escrevia um artigo sobre a criação da "Sociedade Protetora dos Animais", passou mal e correu para o quarto ao lado, onde estavam a esposa e o filho; de pé, disse uma única palavra, sangue, traduzindo o jorro que lhe saía pela boca; faleceu pouco depois, aos 51 anos de idade, sendo considerado por seus biógrafos o maior de todos os jornalistas da Abolição.

"TVERT IMOT!" (PELO CONTRÁRIO!)

HENRIK JOHAN IBSEN

Nascimento:
20 de março de 1828, Skien, Noruega.
Falecimento:
23 de maio de 1906, Kristiania, Noruega.
Ocupação:
Dramaturgo, poeta, diretor teatral.
Nota:
Ibsen disse essa frase em resposta à sua enfermeira que acabara de comentar que sua aparência estava melhor do que a de costume. Em março de 1900, Ibsen contraiu uma forte gripe, e, em poucas semanas, teve o seu primeiro derrame; em 1901, um segundo; em 1903, após um terceiro derrame, perdeu a capacidade manual de escrever, e faleceu em 23 de maio de 1906, sendo sepultado com honras de Estado no cemitério Var Freisers, na Noruega.

"EU TENTEI TANTO FAZER O QUE ERA CERTO"

STEPHEN GROVER CLEVELAND

Nascimento:
18 de março de 1837, Caldwell, Nova Jérsei, Estados Unidos da América.
Falecimento:
24 de junho de 1908, Princeton, Nova Jérsei, Estados Unidos da América.
Ocupação:
Prefeito da cidade de Búfalo (NY), governador do estado de Nova Iorque e
presidente dos Estados Unidos da América entre 1885 e 1889 e 1893 e 1897.
Nota:
Grover Cleveland foi o único presidente norte-americano com dois mandatos
não-consecutivos. O momento alto de sua carreira política foi a inauguração da
Estátua da Liberdade, em Nova Iorque. A saúde de Grover Cleveland decaiu em
seus últimos anos de vida, adoecendo seriamente, a partir de 1907. Seu estado de
saúde piorou, levando-o a um ataque cardíaco, em 1908.

"AFINAL A VIDA É BOA"

JOAQUIM MARIA MACHADO DE ASSIS

Nascimento:
21 de junho 1839, Rio de Janeiro, Rio de Janeiro, Império do Brasil.
Falecimento:
29 de setembro de 1908, Rio de Janeiro, Rio de Janeiro, Estados Unidos do Brasil.
Ocupação:
Romancista, contista, poeta, dramaturgo, cronista, tradutor e crítico literário.
Nota:
Considerado um dos mais importantes nomes da literatura brasileira, Machado de Assis, muito doente, solitário e triste depois da morte da esposa ocorrido quatro anos antes, faleceu aos 69 anos. Nem em seus últimos dias de vida – já com a vista fraca, uma infecção intestinal e uma úlcera na língua – ele aceitou a presença de um padre para tomar sua confissão, alegando não querer ser hipócrita. Apesar de todo seu pessimismo, pouco antes de morrer proferiu suas últimas palavras, atestando o seu contentamento com sua existência.

"ADEUS" [tomando a mão de sua filha Clara entre as suas] **"SE AO MENOS ENCONTRÁSSEMOS..."**

MARK TWAIN, pseudônimo de SAMUEL LANGHORNE CLEMENS

Nascimento:
30 de novembro de 1835, Florida, Missouri, Estados Unidos da América.
Falecimento:
21 de abril de 1910, Redding, Connecticut, Estados Unidos da América.
Ocupação:
Escritor, humorista e romancista.
Nota:
Autor de livros de aventuras, tendo como sua obra mais importante "Huckleberry Finn", Twain em seus últimos dias, tornou-se um homem bastante deprimido. No final de sua vida, Clemens perdeu três de seus quatros filhos, além de sua querida esposa, antes de morrer em 1910. Tornou-se célebre sua resposta ao "New York Journal" após a equivocada divulgação prematura de seu obituário: "Os relatos sobre minha morte foram desmedidamente exagerados". Um fato curioso envolve sua vida: Clemens nasceu e faleceu no mesmo ano em que o cometa de Halley fez sua aparição; pouco antes de morre, o autor declarou: "Ficaria muito desapontado se não regressasse ao firmamento junto com o cometa que me trouxe para a terra". Suas últimas palavras foram dirigidas à sua filha Clara, que permaneceu ao seu lado até o final.

| "TALVEZ EU NÃO TENHA VIVIDO EM VÃO..." |

"SIM, EU JÁ FUI INFORMADO. ESTOU MUITO SATISFEITO COM ISSO"

EDUARDO VII DA INGLATERRA
(ALBERT EDWARD OF SAXE-COBURGO-GOTHA)

Nascimento:
9 de novembro de 1841, Londres, Inglaterra.
Falecimento:
6 de maio de 1910, Londres, Inglaterra.
Ocupação:
Duque da Cornualha e de Rothesay, príncipe de Gales, rei da Inglaterra e imperador da Índia.
Nota:
Eduardo VII não se tornou rei até a morte de sua mãe, a rainha Victoria, em 1901, e, uma vez que ela lhe negou qualquer papel na administração e assuntos da coroa britânica, devotou sua vida às mulheres, às bebidas, ao fumo e às apostas, até sua coroação, quando se devotou completamente à nação. Obeso e viciado em charutos, Eduardo sofreu uma série de ataques cardíacos. Ele continuou a trabalhar até o último ataque do coração, ocorrido enquanto o mesmo visitava o viveiro real. Suas últimas palavras foram dirigidas a seu filho, o duque de Windsor, quando este lhe informou que seu cavalo ganhara a corrida em Kempton Park.

"ASCENDAM AS LUZES... NÃO QUERO IR PARA CASA NO ESCURO"

O. HENRY, pseudônimo de WILLIAM SYDNEY PORTER

Nascimento:
11 de setembro de 1862, Greensboro, Carolina do Norte, Estados Unidos da América.
Falecimento:
5 de junho de 1910, Nova Iorque, Nova Iorque, Estados Unidos da América.
Ocupação:
Escritor.
Nota:
Um dos maiores escritores norte-americanos do final do século XIX, William Sidney Porter é considerado por muitos críticos como sendo a resposta norte-americana aos contos produzidos por Guy de Maupassant. O tratamento admirável e surpreendente que dispensava aos seus finais narrativos popularizou o conto como um dos gêneros literários da virada do século XX. Suas últimas palavras fazem parte de uma canção muito popular à época de seu falecimento.

"MAS OS CAMPONESES... COMO MORREM OS CAMPONESES?"

LEV NIKOLAYEVICH TOLSTOY

Nascimento:
9 de setembro de 1808, Yasnaya Polyana, Império da Rússia
Falecimento:
20 de novembro de 1910, Astapovo, Império da Rússia.
Ocupação:
Escritor
Nota:
Leon Tolstói, escritor, autor do épico "Guerra e Paz" e de "Anna Karenina", ficou famoso por se tornar, em sua velhice, um pacifista, cujos textos e ideias entravam em conflito com as igrejas e os governos, pregando uma vida simples e desprovida de luxos. Aparentemente oprimido pela provável contradição entre seu discurso e o padrão de vida que levava, Tolstói decidiu abandonar Yasnaya para um destino até hoje desconhecido. Acompanhado por sua filha, Alexandra, e seu médico particular, Tolstói se hospedou em um convento, onde sua irmã era madre superiora. Ao deixar o convento, param na junção de Astapovo, onde o escritor contraiu pneumonia, permanecendo na casa do chefe da estação; lá teria dito suas últimas palavras, refletindo as contradições de seu tempo.

"MINHA ALMSCHI! MOZART!"

GUSTAV MAHLER

Nascimento:
7 de julho de 1860, Kalischt, Império Austríaco (na atual República Tcheca).
Falecimento:
18 de maio de 1911, Viena, Império Austro-húngaro.
Ocupação:
Compositor e regente.
Nota:
Após uma profícua carreira como regente e compositor na Europa, Gustav Mahler aceitou o encargo de regente da Metropolitan Opera, em Nova Iorque, em 1908, dirigindo todas as apresentações naquele ano. Ao término do seu contrato, Mahler dirigiu a Filarmônica de Nova Iorque. Em fevereiro de 1911, ficou extremamente doente, sendo diagnosticado com uma infecção estreptocócica. Retornando à Europa, ele tentou tratamento experimental em Paris, porém sem resultado. Um médico especialista em hematologia sugeriu que Mahler fosse internado em Viena e para lá ele foi levado, vindo a falecer algumas semanas depois. Suas últimas palavras foram dirigidas à sua esposa, Alma Mahler (Almschi seria o seu apelido carinhoso), como menção ao nome do compositor Wolfgang Amadeus Mozart.

"QUE DEUS GUARDE OS NOSSOS ENTES QUERIDOS"

ROBERT FALCON SCOTT

Nascimento:
6 de junho de 1868, Devon, Inglaterra.
Falecimento:
29 de março de 1912, Ross Ice Shelf, Antártida.
Ocupação:
Capitão da marinha real inglesa e explorador da Antártida.
Nota:
Scott foi um famoso explorador britânico, um dos primeiros a atingir a Antártida, apenas um mês após o explorador norueguês Roald Admundsen atingir o Pólo Sul. Todos os cinco membros da expedição de Scott, inclusive ele mesmo, faleceram na tentativa de retornar à base. Críticos do trabalho de Scott afirmam que sua morte foi causada pelo mau planejamento da expedição, aliada às piores condições climáticas possíveis registradas até então. Seus diários, recuperados de sua barraca, onde foram encontrados mortos, informam as dificuldades encontradas: condições que envolviam extremo frio, ventos com mais de 100 km/h e fome, pois não alcançaram os depósitos de mantimentos no tempo previsto. Em um dos seus últimos registros, Scott declarou: "Se sobreviver terei uma lenda para contar sobre a bravura, a força e a coragem de meus companheiros, que irá engrandecer o coração de cada inglês".

| "TALVEZ EU NÃO TENHA VIVIDO EM VÃO..." |

"CAVALHEIROS, OFEREÇO-LHES O MEU ADEUS..."

WALLACE HENRY HARTLEY

Nascimento:
2 de junho de 1878, Colne, Lancashire, Inglaterra.
Falecimento:
15 de abril de 1912, naufrágio do RMS Titanic, oceano Atlântico, próxima à costa do Canadá.
Ocupação:
Músico e maestro da orquestra do RMS Titanic
Nota:
Hartley era funcionário da Cunard Lines, tendo trabalhado em outras embarcações da companhia anteriormente. Quando lhe foi oferecida a posição de maestro da orquestra do Titanic, ele inicialmente hesitou em deixar sua noiva, Maria Robinson – a quem havia acabado de propor casamento – mas depois considerou que aquela posição na viagem inaugural do Titanic lhe abriria outras possibilidades de trabalho. Suas últimas palavras foram relatadas por um dos sobreviventes do navio, que ouvira essas palavras antes que ele e sua orquestra fossem dragados pelo mar. O corpo de Hartley foi resgatado duas semanas após o naufrágio, pelo navio Mackay-Bennet.

| "TALVEZ EU NÃO TENHA VIVIDO EM VÃO..." |

"ADEUS, MEUS AMIGOS! EU SEGUIREI COM O MEU NAVIO! AGORA É CADA UM POR SI"

EDWARD JOHN SMITH

Nascimento:
27 de janeiro de 1850, Hanley, Stoke-on-Trent, Inglaterra.
Falecimento:
15 de abril de 1912, naufrágio do RMS Titanic, oceano Atlântico, próxima à costa do Canadá.
Ocupação:
Capitão de navio.
Nota:
Capitão Edward Smith foi o capitão do RMS Olympic, além do RMS Titanic, quando este afundou, em 1912. Em seus instantes finais, muitas pessoas declararam que viram o comandante na ponte de comando do navio, outras pessoas disseram ter visto o corpo do comandante boiando ao lado de um dos botes salva-vidas; outras afirmaram que o comandante se suicidou, ao entrar na cabine de comando, instantes antes do navio afundar. Outras versões ainda afirmaram que o capitão foi sugado pelas águas, dentro da escadaria do grande salão do navio, após ter salvado um bebê.

"AS SENHORAS DEVEM IR PRIMEIRO... ENTRE NO BOTE, POR FAVOR... ADEUS, MINHA QUERIDA, EU A VEJO MAIS TARDE"

JOHN JACOB ASTOR IV

Nascimento:

13 de julho de 1864, Rhinebeck, Nova Iorque, Estados Unidos da América.

Falecimento:

15 de abril de 1912, naufrágio do RMS Titanic, oceano Atlântico, próxima à costa do Canadá.

Ocupação:

Industrial e empresário.

Nota:

Na virada do século XIX, John Jacob Astor era o homem mais rico do mundo (sua fortuna pessoal, atualizada para os dias de hoje, atingiria 37 bilhões de dólares), possuindo mais de 700 propriedades em Manhattan e liderando mais de 20 companhias diferentes. Embarcando de volta aos Estados Unidos da América após um escândalo social (ele se divorciara de sua primeira esposa e se casara com uma mulher de apenas 18 anos), Astor e sua esposa Madeline, que se encontrava grávida, embarcaram no Titanic em sua viagem inaugural. Ele faleceu devido à queda da chaminé número 1, sendo seu corpo identificado por suas iniciais em seu casaco: J. J. A; ela, ao contrário de seu marido, sobreviveu e seu filho, John Jacob Astor VI, nasceu exatos cinco meses depois.

"PARA ESTE FRIO NÃO HÁ COBERTOR"

QUINTINO ANTÔNIO FERREIRA DE SOUSA BOCAYUVA

Nascimento:
4 de dezembro de 1836, Itaguaí, Rio de Janeiro, Império do Brasil.
Falecimento:
11 de junho de 1912, Rio de Janeiro, Estados Unidos do Brasil.
Ocupação:
Jornalista, escritor, político, ministro das Relações Exteriores entre 1889 e 1891,
ministro da Agricultura e dos Transportes, em 1889, governador da província do
Rio de Janeiro entre 1901 e 1903, senador e grão-mestre do Grande Oriente do
Brasil entre 1901 e 1904
Nota:
Bocaiuva foi um dos redatores do "Manifesto Republicano", em 1870, e um dos
responsáveis pela aproximação entre civis republicanos e militares descontentes
com o governo imperial. Participou do primeiro governo republicano e
contribuiu para a consolidação política do novo regime. Em seu testamento,
escrito cinco anos antes de sua morte, Quintino Bocaiuva pediu para que não lhe
fossem prestadas homenagens oficiais, nem honras religiosas ou de qualquer
outra espécie: "Na minha qualidade de maçom e de livre pensador, não tenho
direito aos sufrágios da Igreja Católica Romana".

"ISTO NÃO É NADA... ISTO NÃO É NADA..."

FRANCISCO FERDINANDO
(FRANZ FERDINAND VON ÖSTERREICH)

Nascimento:
18 de dezembro de 1863, Graz, Império Austríaco.
Falecimento:
28 de junho de 1914, Sarajevo, Sérvia, Império Austro-Húngaro.
Ocupação:
Arquiduque da Áustria-Este, príncipe imperial da Áustria, príncipe real da
Hungria e Boêmia e herdeiro do trono do Império Austro-húngaro.
Nota:
O arquiduque Francisco Ferdinando sussurrou suas últimas palavras ao conde
Harrach assim que caiu inconsciente, após receber um tiro, morrendo no local.
Seu assassinato, ocorrido quando visitava a cidade de Sarajevo em companhia de
sua esposa, por uma facção nacionalista sérvia, levou à declaração de guerra do
Império Austro-Húngaro contra à Sérvia, lançando o mundo, posteriormente, ao
início da Primeira Guerra Mundial.

"É PRECISO QUE NOS CONFORMEMOS COM OS DITAMES DA NATUREZA"

OSWALDO GONÇALVES CRUZ

Nascimento:
5 de agosto de 1872, São Luís do Paraitinga, São Paulo, Império do Brasil.
Falecimento:
11 de fevereiro de 1917, Petrópolis, Rio de Janeiro, Estados Unidos do Brasil.
Ocupação:
Cientista, médico, bacteriologista, epidemiologista e sanitarista.
Nota:
Pioneiro no estudo das moléstias tropicais e da medicina experimental no Brasil, Oswaldo Cruz fundou, em 1900, o Instituto Soroterápico Nacional, hoje Instituto Oswaldo Cruz, e ajudou na luta pela erradicação da febre amarela. Em 1916, foi eleito prefeito da cidade de Petrópoli,s não concluindo o mandato. Sofrendo de insuficiência renal e antevendo sua morte, deixou uma longa carta com suas disposições finais: "... não usem roupas negras, que além de tudo são anti-higiênicas em nosso clima; que procurem diversões, teatros, festas, viagens, a fim de que se desfaça essa pequena nuvem que veio empanar a normalidade do viver de todos os dias. É preciso que nos conformemos com os ditames da natureza".

"MATARAM-ME... QUEM FOI O CABRA QUE ATIROU?"

DELMIRO AUGUSTO DA CRUZ GOUVEIA

Nascimento:
5 de junho de 1863, Ipu, Ceará, Império do Brasil.
Falecimento:
10 de outubro de 1917, Pedra (atual Delmiro Gouveia), Alagoas, Estados Unidos
do Brasil.
Ocupação:
Advogado, político e industrial.
Nota:
Pioneiro da industrialização no Brasil, Delmiro Gouveia iniciou a industrialização
da região nordeste do Brasil com a criação de uma indústria mecanizada de linhas
e aviamentos. Pioneiro na eletrificação no Brasil, empreendeu, em 1913, a
construção da usina de 1500 HP para aproveitamento hidrelétrico da cachoeira
do Angiquinho, em Paulo Afonso, Bahia. Seu posicionamento político e os
inúmeros inimigos que colecionou levaram-no a ser assassinado no alpendre do
seu chalé, próximo à sede da Fábrica Estrela, na vila da Pedra, em 10 de outubro
de 1917. Apesar das suspeitas recaírem sobre a Machine Cottons (indústria
inglesa concorrente de Gouveia), o crime jamais foi solucionado. No processo
judicial, recheado de falhas e incongruências, o acusado de disparar os tiros foi
condenado a 30 anos de prisão; era um ex-operário da Companhia Agrofabril –
comprada em 1929 pela Machine Cottons – que morava justamente na vila da
Pedra.

"MORRER, DORMIR, PASSAR PARA UMA INEXISTÊNCIA, O QUE REALMENTE IMPORTA? TUDO É APENAS UMA ILUSÃO"

MATA HARI, pseudônimo de MARGARETHA GEERTRUIDA ZELLE

Nascimento:
7 de agosto de 1876, Leeuwarden, Países Baixos.
Falecimento:
15 de outubro de 1917, Vincennes, França.
Ocupação:
Dançarina e espiã.
Nota:
Mata Hari era filha de um empresário com uma descendente de javaneses. No início do século XX, depois de uma tentativa fracassada de se tornar professora e um casamento igualmente fracassado, ela se mudou para Paris. Hari se apresentava como uma princesa javanesa e se tornou uma dançarina exótica. Ela também foi uma cortesã que possuía casos amorosos com vários militares e políticos, dor-mindo com inúmeros oficiais, tanto franceses quanto alemães, tornando-se um peão da intriga internacional durante a Primeira Guerra Mundial; os historiadores, entretanto, nunca conseguiram esclarecer com exatidão se ela foi realmente uma espiã e quais teriam sido as suas atividades como tal. Suas últimas palavras foram ditas a uma freira, na véspera de sua execução, refletindo parte do misticismo oriental com o qual conviveu. Existem numerosos rumores em torno de sua execução: um dos mais fantasiosos diz que os soldados do pelotão de fuzilamento tiveram de ser vendados para não sucumbir a seu charme; outra versão afirma que Mata Hari jogou um beijo aos seus executores antes que começassem a disparar; uma terceira versão diz que ela não só jogou um beijo, mas também abriu a túnica que vestia, morrendo com o corpo completamente nu.

"KAPUTT…"

BARÃO VERMELHO, alcunha de MANFRED ALBRECHT FREIHERR VON RICHTHOFEN

Nascimento:
2 de maio de 1892, Breslau, Silésia, Império Alemão (atual Polônia).
Falecimento:
21 de abril de 1918, Montes Morlancourt, próximo à Vaux-sur-Somme, França.
Ocupação:
Aristocrata, militar alemão e ás da aviação da Primeira Guerra Mundial.
Nota:
Lendário ás da aviação alemã, o Barão Vermelho foi o responsável por pesadas baixas nas forças aliadas francesas. Sua aeronave, um "fokker", foi atingido por disparos de metralhadora .303 realizados pelo sargento Cedric Popkin, um soldado das forças australianas, atingindo-o no peito e perfurando-lhe os pulmões. Mesmo ferido, conseguiu pousar sua aeronave em um campo próximo à estrada de Bray-Corbie, ao norte de Vaux-sur-Somme, um setor controlado pelas tropas australianas. Soldados australianos declararam que Richthofen ainda estava vivo quando pousou o aeroplano, falecendo instantes depois. Suas últimas palavras – "kaputt" ou "abatido"– foram testemunhadas pelo médico do corpo australiano, sargento Edward David "Ted" Smout.

| "TALVEZ EU NÃO TENHA VIVIDO EM VÃO…" |

"JÁ RAIA A MADRUGADA... DÊEM-ME CAFÉ, VOU ESCREVER!"

OLAVO BRÁS MARTINS DOS GUIMARÃES BILAC

Nascimento:
16 de dezembro de 1865, Rio de Janeiro, Rio de Janeiro, Império do Brasil.
Falecimento:
28 de dezembro de 1918, Rio de Janeiro, Rio de Janeiro, Estados Unidos do Brasil.
Ocupação:
Poeta, jornalista e membro fundador da Academia Brasileira de Letras.
Nota:
Olavo Bilac é considerado o "príncipe dos poetas brasileiros". Faleceu às 5h30 do dia 28 de dezembro de 1918, em companhia da sua família, isto é, de Alexandre Guimarães, seu cunhado, de sua irmã, de Corrêa Guimarães e de seus sobrinhos Ernani e mademoiselle Corina, bem como vários amigos, vitimado por um ataque de gripe que o tomava há vários dias. Suas últimas palavras foram registradas pelos jornais cariocas "A Noite" e "A Rua".

"AGORA POSSO CRUZAR AS AREIAS DE SHIFTING"

LYMAN FRANK BAUM, conhecido como L. FRANK BAUM

Nascimento:
15 de maio de 1856, Chittenango, Nova Iorque, Estados Unidos da América.
Falecimento:
6 de maio de 1919, Hollywood, Califórnia, Estados Unidos da América.
Ocupação:
Escritor, ator e cineasta independente.
Nota:
L. Frank Baum foi criador de um dos mais populares livros jamais escritos na literatura americana infantil. Em 1901, Baum e o ilustrador Denslow publicaram "O Maravilhoso Mágico de Oz", sendo que o livro foi best-seller por dois anos seguidos. Baum continuou escrevendo mais 13 livros baseados nos lugares e no povo da terra de Oz. Como membro da "Sociedade Teosófica", Baum se valeu frequentemente de temas e símbolos desta doutrina em seus livros. Em seu leito de morte, após sofrer um ataque de estafa em virtude de negócios financeiros, Baum proferiu suas últimas palavras, referindo-se aos "Lençóis de Shifting", o intransponível deserto que cercava a Terra de Oz.

"NÃO"

ALEXANDER GRAHAM BELL

Nascimento:
3 de março de 1847, Edimburgo, Escócia.
Falecimento:
2 de agosto de 1922, Beinn Bhreagh, Nova Escócia, Canadá.
Ocupação:
Inventor, cientista, empresário e professor da Universidade de Boston.
Nota:
Bell, o inventor do telefone e fundador da Bell Telephonic Company, morreu de anemia perniciosa em sua residência, no Canadá, aos 75 anos. Após um longo período ao lado do marido, sua esposa Mabel Hubbard se inclinou sobre ele e lhe sussurrou para que ele não a deixasse. Em resposta, Bell traçou o sinal telegráfico para a palavra "Não" e em seguida faleceu.

"DEEM UM PASSO À FRENTE, MEUS CAMARADAS... SERÁ MAIS FÁCIL ASSIM".

ROBERT ERSKINE CHILDERS

Nascimento:
25 de junho de 1870, Glendalough, Irlanda.
Falecimento:
24 de novembro de 1922, Dublin, Irlanda.
Ocupação:
Líder nacionalista, militar e escritor.
Nota:
Robert Childers foi um militante da independência da Irlanda frente ao domínio britânico, sendo secretário da delegação irlandesa. Sua recusa em aceitar uma das cláusulas do acordo de independência, levou à criação do Exército de Libertação Irlandesa, o IRA, e do seu braço político, o Sinn Féin, levando a uma Guerra Civil, iniciada em 1922. Ele foi executado por traição pelas autoridades do Estado Independente Irlandês, um estado formado anteriormente à declaração da independência da atual República da Irlanda, e ligado ao governo britânico.
Childers era o pai de Erskine Hamilton Childers, que viria a ser o quarto presidente da Irlanda. Suas últimas palavras foram dirigidas ao seu pelotão de fuzilamento.

"DEUS TENDE COMPAIXÃO DE MEUS PADECIMENTOS"

RUY BARBOSA DE OLIVEIRA

Nascimento:
5 de novembro de 1849, Salvador, Bahia, Império do Brasil.
Falecimento:
1º de março de 1923, Petrópolis, Rio de Janeiro, Estados Unidos do Brasil.
Ocupação:
Jurista, político, diplomata, escritor, filólogo, tradutor, orador, senador da República e ministro da Fazenda do governo Deodoro da Fonseca.
Nota:
Um dos mais destacados juristas e oradores do Brasil, Ruy Barbosa era reconhecido por suas qualidades, tanto no país quanto no exterior. Candidato derrotado à presidência da República por três vezes, ele foi o representante brasileiro na Conferência da Haia, sendo sua participação louvada até hoje como uma das mais firmes, convincentes e primorosas da diplomacia brasileira. Em julho de 1922, sucumbiu a um grave edema pulmonar, com iminência de morte. Meses depois, em fevereiro de 1923, sofreu paralisia bulbar, ocasião onde Ruy Barbosa disse a seu médico: "Doutor, não há mais nada a fazer". Antes de falecer, proferiu suas últimas palavras aos seus familiares, que o acompanhavam.

"NÃO DEIXEM ISTO ACABAR ASSIM. FALEM A TODOS QUE EU DISSE ALGO"

FRANCISCO PANCHO VILLA, pseudônimo de JOSÉ DOROTEO ARANGO ARÁMBULA

Nascimento:
4 de junho de 1887, San Juan del Rio, Durango, México
Falecimento:
23 de julho de 1923, Parral, Chihuahua, México.
Ocupação:
General revolucionário, caudilho, fazendeiro e governador da província de Chihuahua entre 1913 e 1914.
Nota:
Um dos líderes da Revolução Mexicana (1910-1928), movimento armado social e cultural, iniciado em 1910, por causa da ditadura do general Porfírio Diaz e, que culminaria, oficialmente, com a promulgação de uma nova constituição sete anos depois, ainda que os surtos de violência continuassem até finais da década de 1920. Depois da queda de Diaz, iniciou-se uma luta fratricida entre rebeldes e ideologias que custaria a vida de 1 milhão de mexicanos, 10% da população total daquela época. Quando o novo presidente, Obregón, consolidou sua posição, alguns planos para se livrar de Pancho Villa foram abertamente promovidos pelo governo. Mediante uma emboscada organizada pela polícia secreta, Villa foi assassinado a tiros, enquanto dirigia seu automóvel, a caminho de uma festa familiar.

"NÃO FECHEM AS CORTINAS. EU ESTOU BEM. EU QUERO QUE A LUZ DO SOL VENHA ME SAUDAR!"

RUDOLPH VALENTINO, pseudônimo de **RODOLFO ALFONZO RAFFAELO PIERRE FILIBERT GUGLIELMI DI VALENTINA D'ANTONGUOLLA**

Nascimento:
6 de maio de 1895, Castellaneta, Itália.

Falecimento:
23 de agosto de 1926, Nova Iorque, Nova Iorque, Estados Unidos da América.

Ocupação:
Ator e ícone popular

Nota:
Rodolfo Valentino, além de ser uma das estrelas mais populares dos anos de 1920 (e do cinema mudo consequentemente), foi o primeiro símbolo sexual do cinema e protótipo do "amante latino" fabricado por Hollywood. Em 15 de agosto de 1926, Valentino teve um colapso no Hotel Ambassador, em Nova Iorque, sendo submetido à uma cirurgia para uma úlcera perfurada. A cirurgia foi bem e ele pareceu se recuperar, mas uma peritonite que se propagou por todo seu corpo, levou-a à morte, oito dias mais tarde.

"EU ESTOU CANSADO DE LUTAR! ACHO QUE ESTA COISA ESTÁ CONSEGUINDO ME DERROTAR".

HARRY HOUDINI, pseudônimo de **EHRICH WEISS**

Nascimento:
24 de março de 1874, Budapeste, Reino da Hungria, Império Austro-Húngaro.
Falecimento:
31 de outubro de 1926, Detroit, Michigan, Estados Unidos da América.
Ocupação:
Mágico, ator, historiador, piloto e investigador paranormal.
Nota:
Houdini tinha habilidades impressionantes: era capaz, por exemplo, de ficar vários minutos dentro d'água sem respirar, e foi uma destas demonstrações de suas habilidades – sua "incrível resistência toráxica" – que o levou à morte, pois, após apresentar seu número para uma platéia de estudantes, em Montreal, Canadá, um dos estudantes, um boxeador amador, invadiu os bastidores e sem dar tempo para que Houdini se preparasse, golpeou seu abdômen. Os violentos golpes lhe romperam o apêndice. Houdini, entretanto, não buscou auxílio médico e, quase uma semana depois, após outra apresentação, morreu em um hospital de Detroit.

"ADIEU, MES AMIS, EU PARTO PARA A GLÓRIA!"

ANGELA ISADORA DUNCAN

Nascimento:
26 de maio de 1877, São Francisco, Califórnia, Estados Unidos da América.
Falecimento:
14 de setembro de 1927, Nice, França.
Ocupação:
Dançarina.
Nota:
Considerada por muitos como a precursora da dança moderna e uma das mais importantes representantes da dança do século XX, Isadora Duncan morreu tragicamente, quando sua echarpe de seda ficou presa nas rodas do carro conversível em que ingressara. O veículo, ao partir, estrangulou-a e a matou imediatamente, alguns meses depois do lançamento da sua autobiografia, "Minha Vida".

"EXECUTE O ÚLTIMO COMPASSO BEM SUAVEMENTE"

ANNA PAVLOVNA PAVLOVA MATJEWEJA

Nascimento:
12 de fevereiro de 1881, Ligovo, São Petersburgo, Império da Rússia.
Falecimento:
23 de janeiro de 1931, Hague, Holanda.
Ocupação:
Bailarina.
Nota:
Enquanto excursionava pela Holanda, o trem em que estava a bailarina Anna Pavlova foi obrigado a parar devido a um acidente ocorrido próximo à linha. Vestida apenas com um casaco leve sobre uma camisola de seda, ela desceu do vagão e caminhou no meio da neve para verificar o ocorrido, o que lhe levou a falecer três semanas mais tarde, vitimada por uma forte pneumonia. Em seu leito de morte, ela declarou: "Se eu não puder dançar mais, é melhor que eu morra". Enquanto se vestia com os trajes da peça "A Morte do Cisne", disse suas últimas palavras.

"LÁ É MUITO BONITO!"

THOMAS ALVA EDISON

Nascimento:
11 de fevereiro de 1847, Milan, Ohio, Estados Unidos da América.
Falecimento:
18 de outubro de 1931, West Orange, Nova Jérsei, Estados Unidos da América.
Ocupação:
Empresário, inventor, criador de inúmeros inventos, entre eles, a lâmpada elétrica e o fonógrafo.
Nota:
Na primavera de 1929, Thomas Edison viajou para a cidade de Deardon, Michigan, para celebrar o 50º aniversário da invenção da lâmpada elétrica. Após ser apresentado pelo presidente Hoover, Edison começou a discursar e, em seguida, desmaiou, em virtude de uma pneumonia não identificada anteriormente. Seu estado de saúde se agravou por dois anos e no último mês de vida, alternava momentos de inconsciência e lucidez. Na manhã de seu falecimento, sua esposa Mina lhe perguntou se estava sofrendo; Edison, que estava olhando para fora da janela de seu quarto, respondeu: "Não, apenas esperando... Lá é muito bonito!". Há um amplo debate entre seus biógrafos se o inventor se referia ao pós-morte ou apenas à vista de sua janela.

"AOS MEUS AMIGOS: MEU TRABALHO ESTÁ FEITO, POR QUE ESPERAR?"

GEORGE EASTMAN

Nascimento:
12 de julho de 1854, Waterville, Nova Iorque, Estados Unidos da América.
Falecimento:
14 de março de 1932, Rochester, Nova Iorque, Estados Unidos da América.
Ocupação:
Empresário e pioneiro da fotografia.
Nota:
George Eastman foi o fundador da Eastman Kodak Company e criador do filme fotográfico de rolo, contribuindo enormemente para a popularização da fotografia. Em seus dois últimos anos de vida, Eastman sofreu de uma doença degenerativa que calcificava sua coluna vertebral, produzindo intensa dor, o que o lançou em um estado depressivo profundo. Em 14 de março de 1932, o empresário cometeu suicídio, deixando suas últimas palavras registradas em uma nota endereçada a um grupo de amigos íntimos.

| "TALVEZ EU NÃO TENHA VIVIDO EM VÃO..." |

"I KNOW NOT WHAT TOMORROW WILL BRING"

FERNANDO ANTÓNIO NOGUEIRA PESSOA

Nascimento:
13 de junho de 1888, Lisboa, Reino de Portugal.
Falecimento:
30 de novembro de 1935, Lisboa, Portugal.
Ocupação:
Poeta, jornalista e escritor.
Nota:
Fernando Pessoa é considerado um dos maiores poetas da língua portuguesa, sendo comparado a Luís de Camões. Em 29 de novembro de 1935, Fernando Pessoa foi internado no Hospital de São Luís dos Franceses, com diagnóstico de "cólica hepática" falecendo de suas complicações, possivelmente associada a uma cirrose hepática, provocada pelo excesso de álcool, ao longo da sua vida, no dia seguinte, aos 47 anos. Nos últimos momentos de sua vida, pediu papel, caneta e os seus óculos, e clamou pelos seus heterônimos, deixando escrita sua última frase no idioma no qual foi educado, o inglês, uma vez que passou toda sua juventude na África do Sul: "I know not what tomorrow will bring" ("Eu não sei o que o amanhã trará").

"DEUS O AMALDIÇOE"

JORGE V DA INGLATERRA
(GEORGE FREDERICK ERNEST ALBERT)

Nascimento:
3 de junho de 1865, Marlborough House, Londres, Inglaterra.
Falecimento:
20 de janeiro de 1936, Sandringham House, Norfolk, Inglaterra.
Ocupação:
Duque da Cornualha e de Iorque, príncipe de Gales, rei da Inglaterra e imperador da Índia.
Nota:
Jorge V sofria de insuficiência respiratória devido ao seu pesado hábito de fumar, sendo que a partir de 1928, caiu doente, repassando ao seu filho, o futuro Eduardo VIII, vários dos deveres governamentais. Comumente é associado ao rei, como últimas palavras, a expressão "Dane-se Bognor", como resposta à sugestão de seu médico particular de que estaria bem o suficiente para visitar o balneário de Bognor. Entretanto, suas últimas palavras foram proferidas à sua enfermeira, segundo registro do diário do lorde Dawson de Penn, o médico real, após o mesmo ter ordenado uma injeção letal de cocaína e morfina para aliviar o sofrimento do rei e para que a notícia de seu falecimento pudesse ser publicada na edição matutina do "The Times" no dia seguinte.

"NÃO CONSIGO DORMIR"

JAMES MATTHEW BARRIE, conhecido como **J. M. BARRIE**

Nascimento:
9 de maio de 1860, Forfarshire, Escócia.
Falecimento:
19 de junho de 1937, Londres, Inglaterra.
Ocupação:
Jornalista, escritor, dramaturgo e autor de livros infantis, afamado por sua obra
"Peter Pan".
Nota:
Barrie se tornou famoso com sua peça e história sobre Peter Pan (1904), o menino
que vivia na Terra do Nunca, que travou batalhas com piratas os quais eram
liderados pelo capitão James Gancho, e que jamais cresceria. A história de
aventura de Barrie foi a consequência da sua não revelada busca pelo amor. Peter
Pan serviu como uma consolação pela falta de afeição recebida pelas duas
mulheres mais importantes de sua vida: sua mãe e sua esposa. Barrie escreveu a
peça numa tentativa de definir seu remorso por perder sua infância e nunca ter
tido um filho ou filha, como Peter ou Wendy. Barrie morreu de pneumonia e
dedicou, em testamento, os direitos de sua obra mais famosa ao Hospital Infantil
de Great Ormond Street, em Londres.

"MEU CARO SCHUR, VOCÊ SE RECORDA DE NOSSA PRIMEIRA CONVERSA? VOCÊ PROMETEU ME AJUDAR QUANDO EU NÃO PUDESSE MAIS CONTINUAR SOZINHO. ISTO TUDO É UMA TORTURA E NÃO HÁ MAIS SENTIDO EM PROSSEGUIR"

SIGISMUND SHLOMO FREUD

Nascimento:
6 de maio de 1856, Freiberg, Moravia, atual República Tcheca
Falecimento:
23 de setembro de 1939, Londres, Inglaterra.
Ocupação:
Psiquiatra, pesquisador e fundador da Escola Psicanalítica de Psicologia.
Nota:
O fundador da psicanálise era um fumante inveterado, consumindo mais de 20 cigarros diários, segundo os registros médicos. Em virtude disso, adquiriu câncer na mandíbula passando por mais de 30 operações e colocando uma prótese. Após os especialistas lhe informarem que não poderiam mais lhe operar e ser internado com intensa dor, Freud procurou seu médico pessoal e o pressionou para que lhe aplicasse altas doses de morfina, levando-o ao coma e ao falecimento no dia seguinte.

"NINGUÉM É CAPAZ DE ENTENDER?"

JAMES AUGUSTINE ALOYSIUS JOYCE

Nascimento:
2 de fevereiro de 1882, Dublin, Irlanda.
Falecimento:
13 de janeiro de 1941, Zurique, Suíça.
Ocupação:
Escritor, poeta e professor.
Nota:
James Joyce, autor do romance "Ulisses" entre outras obras, aclamado mundialmente, autoimpôs-se um exílio fora dos territórios britânicos, vivendo em Paris, Trieste e Zurique. Em seus últimos anos, residiu na Suíça, após ter deixado Paris, em 1940, fugindo da ocupação nazista. Após ser operado de uma úlcera perfurada, sofreu hemorragias internas e entrou em coma, somente despertando dois dias depois para pedir desesperadamente a presença de sua esposa e filhos, que não chegaram a tempo de seu falecimento.

"VIDA LONGA À LIBERDADE"

HANS SCHOLL

Nascimento:
22 de setembro de 1918, Ingersheim, Alemanha.
Falecimento:
22 de fevereiro de 1943, Munique, Alemanha Nazista.
Ocupação:
Estudante de medicina, ativista pela paz e membro da resistência alemã ao regime nazista.
Nota:
Hans Scholl, sua irmã Sophie, Cristoph Probst, Alexander Schmorell, Willi Graf e o professor de Filosofia da Universidade de Munique, Kurt Huber, autodenominando-se "Rosa Branca", redigiram e distribuíram seis panfletos denunciando as ações nazistas na Europa e conclamando o povo alemão a resistir e a combater as ações nazistas. Hans e sua irmã foram descobertos, enquanto distribuíam o último panfleto em 18 de fevereiro de 1943, sendo presos pela Gestapo após a denúncia de um dos faxineiros da Universidade, que os identificou. Ambos foram julgados e sentenciados à morte por decapitação sendo seus outros companheiros presos e executados logo depois. As últimas palavras de Hans foram proferidas diante da guilhotina, com grande determinação e sem demonstrar nenhum temor, segundo relato do Dr. Walter Roemer, o executor chefe da comarca de Munique. Logo após suas mortes, seu último panfleto chegou às mãos das forças aliadas, que os lançou por avião sobre as principais cidades alemãs, sob o título "Manifesto dos Estudantes de Munique".

"ESTOU COM UMA TERRÍVEL DOR DE CABEÇA"

FRANKLIN DELANO ROOSEVELT

Nascimento:
30 de janeiro de 1882, Hyde Park, Nova Iorque, Estados Unidos da América.
Falecimento:
12 de abril de 1945, Warm Springs, Geórgia, Estados Unidos da América.
Ocupação:
Advogado, secretário da marinha norte-americana, senador, governador pelo estado de Nova Iorque e presidente dos Estados Unidos da América entre 1933 e 1945.
Nota:
Em 30 de março de 1945, o presidente Franklin Roosevelt foi para Warm Springs para descansar antes do seu comparecimento à cerimônia de fundação da Organização das Nações Unidas. Na tarde de 12 de abril, enquanto posava para um quadro que a pintora Elizabeth Shoumatoff realizava, Roosevelt declarou suas últimas palavras, sendo acometido por um derrame cerebral logo em seguida. Na ocasião, Roosevelt estaria acompanhado de sua amante, Lucy Mercer; que deixou a mansão após a morte do presidente para evitar um escândalo sobre o caso. Segundo um de seus biógrafos, Conrad Black, suas palavras teriam sido: "Com cuidado", ditas para sua prima Laura Delano, ao ser levado semiconsciente para seus aposentos.

"ATIREM EM MEU PEITO"

BENITO AMILCARE ANDREA MUSSOLINI

Nascimento:
29 de julho de 1883, Predappio, Reino da Itália.
Falecimento:
28 de abril de 1945, Giulino di Mezzegra, República Social da Itália.
Ocupação:
Jornalista, político, primeiro-ministro da Itália entre 1922 e 1943 e líder da
República Social da Itália entre 1943 e 1945.
Nota:
Após a queda do governo fascista da Itália, Benito Mussolini foi preso e libertado
pelas forças paraquedistas alemãs e instruído por Hitler a reorganizar a nova
nação italiana. Após a fundação da República Social da Itália, Mussolini acabou
sendo preso, em companhia de sua amante Clara Petacci, pela guerrilha de
resistência, os "partigiani", sendo, logo em seguida, executado sumariamente. As
últimas horas de vida de Mussolini foram vasculhadas por um tribunal do júri de
Pádua, em maio de 1957, mas o processo não esclareceu as circunstâncias da
execução. Até hoje não se sabe, de fato, quem disparou os tiros mortais, sendo
que existem várias teorias: uma delas levanta a hipótese do serviço secreto
britânico ter tramado a captura junto com os "partigiani"; outra hipótese
considera que o "coronel Vallerio", codinome de Walter Audisio, foi o
responsável pela execução. É certo, porém, que a ação teve o envolvimento da
resistência italiana.

"QUANDO A MÚSICA ACABAR, APAGUEM AS LUZES"

ADOLF HITLER

Nascimento:
20 de abril de 1889, Braunau am Inn, Império Austro-Húngaro.
Falecimento:
30 de abril de 1945, Berlim, Alemanha.
Ocupação:
Líder do Partido Nacional-Socialista da Alemanha (Nationalsozialistische Deutsche Arbeiterpartei NSDAP), chanceler da República Alemã entre 1933 e 1945 e Führer und Reichskanzler do III Reich Nazista Alemão entre 1934 e 1945.
Nota:
Hitler teria dito suas últimas palavras aos seus auxiliares, durante a permanência no "bunker", nos momentos finais da Guerra na Alemanha, antes de cometer suicídio em companhia de sua esposa, Eva Braun. O grupo de rock "The Doors" fez uma música com essa frase: "When the music's over / Turn out the lights". Há inúmeras versões sobre suas últimas palavras, sendo que as mesmas variam de acordo com o testemunho coletado dos sobreviventes do "bunker". Uma das versões afirma que após Hitler ter dito a frase acima, um de seus auxiliares teria perguntado: "Por quem deveremos lutar agora?", sendo-lhe respondido "Para aquele que vier depois de mim".

"EU SOU HEINRICH HIMMLER"

HEINRICH LUITPOLD HIMMLER

Nascimento:
7 de outubro de 1900, Munique, Reino da Baviera, Império da Alemanha.
Falecimento:
23 de maio de 1945, Lüneburg, Alemanha.
Ocupação:
Comandante da Reichsführer-SS, chefe da polícia secreta do III Reich – Geheime Staatspolizei: Gestapo e ministro do Interior do III Reich.
Nota:
Himmler chegou à conclusão que, para uma vitória do regime nazista, deveria buscar a paz com a Inglaterra e com os Estados Unidos da América. Ele tentou, então, por meio de um nobre sueco iniciar tratativas com as tropas aliadas para a rendição na frente ocidental da Guerra. Himmler tinha esperança que os americanos e britânicos lutariam contra seus aliados russos em conjunto com o restante da Wehrmacht, entretanto os aliados se recusaram a negociar com ele e o declararam criminoso de guerra. Quando Hitler descobriu, Himmler foi declarado traidor e destituído de todos seus títulos e cargos. Tentando não ser capturado, Himmler se disfarçou de membro da polícia civil, mas foi capturado e logo reconhecido, em 22 de maio de 1945, em Bremen, na Alemanha, por uma unidade do Exército Britânico. Foi marcada uma data para seu julgamento, juntamente com outros grandes criminosos de guerra, mas cometeu suicídio em Lüneburg, engolindo uma cápsula de cianeto no início de seu interrogatório.

"QUAL É A RESPOSTA? [não houve resposta] NESSE CASO, QUAL É A PERGUNTA?"

GERTRUDE STEIN

Nascimento:
3 de fevereiro de 1874, Pittsburgh, Pensilvânia, Estados Unidos da América
Falecimento:
27 de julho de 1946, Paris, França.
Ocupação:
Escritora, poeta e feminista.
Nota:
Gertrude Stein era uma amalgamadora de ideias e de artistas, fato amplamente narrado na obra de sua autoria "Autobiografia de Alice B. Toklas", livro fundamental da vanguarda dos anos 1910, 1920 e 1930. Com estilo muito próprio, a narrativa conta como jovens artistas e escritores vindos das mais diversas partes do mundo se encontraram em Paris e iniciaram novos caminhos para a arte: Picasso vinha da Catalunha, Joyce da Irlanda, ela própria vinha dos Estados Unidos da América, Nijinski era russo; havia vários franceses, como Cocteau, Apollinaire e Matisse. Apesar do nome, o livro foi escrito por Stein, tendo como porta-voz Alice B. Toklas, sua companheira durante 25 anos. São notórias as suas observações, que passaram para a história da arte como exemplo de sua perspicácia e humor, entre elas "um gênio é um gênio, mesmo quando nada faz". Suas últimas palavras foram dirigidas à sua companheira, Alice Toklas.

"NÃO"

ALFRED ERNST ROSENBERG

Nascimento:
12 de janeiro de 1893, Tallinn, Estônia, Império da Rússia.
Falecimento:
16 de outubro de 1946, Nuremberg, Alemanha.
Ocupação:
Arquiteto, intelectual e cientista político nazista.
Nota:
Alfred Rosenberg é considerado um dos principais formuladores dos fundamentos da ideologia nazista, incluindo a teoria racial, a perseguição aos judeus, o conceito do "espaço-vital", a anulação dos termos do Tratado de Versalhes e a oposição à arte moderna, considerada por ele como "arte degenerada". Ao final da Guerra, Rosenberg foi capturado pelas tropas aliadas, julgado e condenado à morte por enforcamento por crimes de guerra e contra a humanidade. Durante seu julgamento, ficou provado que Rosenberg desempenhou um papel vital dentro do governo nazista. De acordo com Howard Smith, jornalista que realizou a cobertura das execuções, Rosenberg foi o único condenado que se recusou a prestar qualquer declaração antes da execução da sentença.

"TALVEZ EU NÃO TENHA VIVIDO EM VÃO..."

JULGAMENTOS DE NUREMBERG

"MEU ÚLTIMO DESEJO É QUE A ALEMANHA MANTENHA SUA UNIDADE E QUE UM ENTENDIMENTO POSSA SER ALCANÇADO ENTRE O OCIDENTE E O ORIENTE. EU DESEJO A PAZ PARA O MUNDO"

ULRICH FRIEDRICH WILHELM JOACHIM VON RIBBENTROP
Nascimento:
30 de abril de 1893, Wesel, província do Reno, Império Alemão
Falecimento:
16 de outubro de 1946, Nuremberg, Alemanha.
Ocupação:
Diplomata, ministro das relações exteriores da Alemanha Nazista entre 1938 e 1945 e responsável pelo tratado de não-agressão entre a Alemanha Nazista e a União Soviética, conhecido por "Pacto Molotov–Ribbentrop".

"PEÇO AO DEUS TODO PODEROSO QUE TENHA MISERICÓRDIA DO POVO ALEMÃO. MAIS DE DOIS MILHÕES DE SOLDADOS ALEMÃES FORAM PARA A MORTE POR SUA TERRA NATAL ANTES DE MIM. SIGO AGORA OS MEUS FILHOS QUE PARTIRAM PELA ALEMANHA"

WILHELM BODEWIN JOHANN GUSTAV KEITEL
Nascimento:
22 de julho de 1892, Helmscherode, Brunswick, Império Alemão.
Falecimento:
16 de outubro de 1946, Nuremberg, Alemanha.
Ocupação:
Marechal-de-campo e comando-em-chefe da Oberkommando der Wehrmacht.

> "CUMPRI COM O MEU DEVER SEGUINDO AS LEIS DO MEU POVO E LAMENTO QUE O MEU POVO TENHA SIDO LIDERADO POR HOMENS CIVIS E QUE CRIMES TENHAM SIDO COMETIDOS, CRIMES QUE EU NÃO TINHA CONHECIMENTO. BOA SORTE, ALEMANHA"

ERNST KALTENBRUNNER
Nascimento:

4 de outubro de 1903, Ried im Innkreis, Império Austro-Húngaro
Falecimento:
16 de outubro de 1946, Nuremberg, Alemanha.
Ocupação:
Membro graduado da SS e diretor do Reichssicherheitshauptamt (Escritório de Segurança e Espionagem) da Alemanha Nazista.

> "AGRADEÇO PELO TRATEMENTO GENTIL QUE RECEBI DURANTE MINHA PRISÃO E PEÇO A DEUS QUE ME ACEITE COM MISERICÓRDIA"

HANS MICHAEL FRANK
Nascimento:
23 de maio de 1900, Karlsruhe, Baden, Império Alemão.
Falecimento:
16 de outubro de 1946, Nuremberg, Alemanha.
Ocupação:
Advogado, SS-Obergruppenführer e governador-geral da Polônia Ocupada.

> "LONGA VIDA À ETERNA ALEMANHA"

WILHELM FRICK
Nascimento:
12 de março de 1877, Alsenz, Baviera, Império Alemão.
Falecimento:
16 de outubro de 1946, Nuremberg, Alemanha.
Ocupação:
Advogado e ministro do interior da Alemanha Nazista, autor das "Leis Raciais de Nuremberg".

> "MEUS CUMPRIMENTOS A VOCÊ, MINHA ALEMANHA"

ALFRED JOSEF FERDINAND BAUMGÄRTLER JODL
Nascimento:
10 de maio de 1890, Würzburg, Império Alemão.
Falecimento:
16 de outubro de 1946, Nuremberg, Alemanha.
Ocupação:
General-de-exército e chefe de operações da Wehrmacht.

"EU MORRO INOCENTE. MINHA SENTENÇA É INJUSTA. DEUS PROTEJA A ALEMANHA E A TORNE GRANDE NOVAMENTE. VIDA LONGA À ALEMANHA! DEUS PROTEJA MINHA FAMÍLIA!"

ERNST FRIEDRICH CHRISTOPH "FRITZ" SAUCKEL

Nascimento:
27 de outubro de 1894, Haussfurt, Baviera, Império Alemão.
Falecimento:
16 de outubro de 1946, Nuremberg, Alemanha.
Ocupação:
Advogado, ministro plenipotenciário do Trabalho da Alemanha Nazista e Reichsstatthalter da Turíngia.

"HEIL HITLER!" [declare seu nome, diz o executor] **"VOCÊ SABE MUITO BEM QUAL É O MEU NOME: JULIUS STREICHER! AGORA EU ESTAREI COM DEUS... OS BOLCHEVIQUES O ENFORCARAM UM DIA! EU ESTOU COM DEUS. ADELE, MINHA QUERIDA ESPOSA"**

JULIUS STREICHER

Nascimento:
22 de julho de 1892, Fleinhausen, Baviera, Império Alemão.
Falecimento:
16 de outubro de 1946, Nuremberg, Alemanha.
Ocupação:
Jornalista e chefe do periódico antissemita "Der Stürmer"

"ESPERO QUE ESTA EXECUÇÃO SEJA O ÚLTIMO ATO DA TRAGÉDIA DA SEGUNDA GUERRA MUNDIAL E QUE A LIÇÃO TIRADA DESTA GUERRA MUNDIAL SEJA A PAZ E O ENTENDIMENTO QUE DEVE EXISTIR ENTRE OS POVOS. EU ACREDITO NA ALEMANHA"

ARTHUR SEYSS-INQUART

Nascimento:
22 de julho de 1892, Stonarov, Moravia, Império Austro-Húngaro
Falecimento:
16 de outubro de 1946, Nuremberg, Alemanha.
Ocupação:
Chanceler da Áustria e Reichskommissar dos Países Baixos Ocupados, um dos responsáveis pela anexação da Áustria à Alemanha.

Nota:

A cidade de Nuremberg, Alemanha, esteve profundamente ligada ao regime e à ideologia nazista e, por esse motivo, além do fato dela dispor de um tribunal e de uma prisão adequados para acolher as várias centenas de pessoas que de uma forma ou de outra, estavam envolvidos no processo, ali foram julgados os líderes sobreviventes da Alemanha Nazista por um tribunal e um corpo jurídico constituído por advogados, promotores e juízes norte-americanos, ingleses e soviéticos. Os juízes consideraram 19 dos 22 réus culpados de uma ou mais acusações; os três réus restantes foram absolvidos, não sem antes que os juízes soviéticos tivessem manifestado seu desacordo com relação às sentenças. Dos culpados, 12 foram condenados à morte por enforcamento, três à prisão perpétua e quatro a penas que oscilaram entre 10 e 20 anos de prisão. De todos os executados apenas um, Julius Streicher, saudou Adolf Hitler diante do carrasco e apenas um demonstrou algum arrependimento de seus atos diante do seu destino, Hans Frank. Alfred Rosenberg que também foi condenado à morte, em Nuremberg, está notado separadamente destes.

"HË RAM!..."

MOHANDAS KARAMCHAND GANDHI, conhecido como MAHATMA GANDHI

Nascimento:
2 de outubro de 1869, Porbandar, Índia Britânica.
Falecimento:
30 de janeiro de 1948, Nova Delhi, União da Índia.
Ocupação:
Líder espiritual e político da Índia, responsável pelo movimento de não-violência que levou à independência da possessão britânica.
Nota:
O princípio do Satyagraha, frequentemente traduzido como "o caminho da verdade" ou "a busca da verdade", também inspirou gerações de ativistas democráticos e humanistas, como Martin Luther King Junior e Nelson Mandela. Frequentemente, Gandhi afirmava a simplicidade de seus valores, derivados da crença tradicional indiana, na qual, a verdade (satya) e a não-violência (ahimsa), caminham juntas em busca do equilíbrio e da valorização do ser humano. Apesar de seu posicionamento político, Gandhi foi assassinado a tiros quando fazia uma caminha, ao entardecer, pelos jardins de Birla Bhavan, em Nova Delhi. O assassino, Nathyram Godse, era um extremista hindu ligado a "Hindu Mahasabha" que responsabilizava Gandhi pelo enfraquecimento da Índia diante da República do Paquistão. "Hë Ram" é uma exclamação à Rama, uma das manifestações de Vishnu, significando "Oh, Deus!"

"IRMÃ, VOCÊ ESTÁ TENTANDO ME MANTER VIVO APENAS COMO UMA VELHA CURIOSIDADE, MAS EU ESTOU ACABADO, TERMINADO, EU VOU MORRER"

GEORGE BERNARD SHAW

Nascimento:
26 de julho de 1856, Dublin, Irlanda.
Falecimento:
2 de novembro de 1950, Hertfordshire, Inglaterra.
Ocupação:
Escritor, jornalista, dramaturgo e vencedor do Prêmio Nobel de Literatura em 1925.
Nota:
George Bernard Shaw, durante seus últimos anos, permaneceu vivendo nos terrenos de Shaw's Corner. Sua morte, aos 94 anos de falência renal, foi precipitada, em virtude dos ferimentos ocorridos após uma queda, enquanto o autor podava uma árvore. Suas cinzas foram misturadas às da sua esposa e espalhadas em torno da estátua de Santa Joana d'Arc, em seu jardim.

"DIGA-LHES QUE EU TIVE UMA VIDA MARAVILHOSA"

LUDWIG JOSEF JOHANN WITTGENSTEIN

Nascimento:

26 de abril de 1889, Viena, Império Austro-Húngaro.

Falecimento:

29 de abril de 1951, Cambridge, Inglaterra.

Ocupação:

Filósofo e professor universitário.

Nota:

Considerado como um dos maiores filósofos do século XX, Ludwig Wittgenstein foi influenciado pelas linhas filosóficas de Schopenhauer, e Russell, na escola da Filosofia Analítica. Diagnosticado com câncer de próstata, Wittgenstein passou os últimos dois anos de sua vida trabalhando em Viena, nos Estados Unidos da América, em Oxford, e em Cambridge. Faleceu na casa de Edward Vaughan Bevan, seu médico e amigo, em 1951, a quem proferiu suas últimas palavras.

"HARMONIA"

ARNOLD SCHOENBERG

Nascimento:
13 de setembro de 1874, Viena, Império Austro-Húngaro.
Falecimento:
13 de julho de 1951, Los Angeles, Califórnia, Estados Unidos da América.
Ocupação:
Compositor e músico, criador do dodecafonismo.
Nota:
Schoenberg sofria de triscaidecafobia, ou o medo incontrolável do número 13. Sua natureza supersticiosa pode o ter levado à morte, pois ele acreditava que morreria seguramente em um ano que fosse múltiplo de 13. Em 1950, em seu aniversário de 76 anos, Schoenberg recebeu uma correspondência de um astrólogo, alertando-o de que esse era um ano crítico, o que levou o compositor a um estado depressivo profundo, até 13 de julho de 1951, uma sexta-feira, quando já abatido pela depressão e ansiedade, veio a falecer. Em seus instantes finais, após um ataque de taquicardia, Schoenberg teria sussurrado à sua esposa Gertrud, a palavra "Harmonia".

| "TALVEZ EU NÃO TENHA VIVIDO EM VÃO..." |

"QUE ALÁ MANTENHA O PAQUISTÃO EM PAZ!"

LIAQUAT ALI KHAN

Nascimento:
2 de outubro de 1846, Karnal, Índia Britânica.
Falecimento:
16 de outubro de 1951, Rawalpindi, Paquistão.
Ocupação:
Advogado, economista, político, ministro das Finanças da Índia Britânica entre
1946 e 1947 e primeiro-ministro do Paquistão entre 1947 e 1951.
Nota:
Liaquat Ali Khan foi um dos principais líderes paquistaneses e responsável pelo
processo de independência de seu país do domínio britânico em 1947, em
conjunto com a independência da Índia. Liaquat Ali Khan foi também
responsável pela condução do país nos seus primeiros anos, evitando que Índia e
Paquistão, entrassem em conflito sobre o destino da Caxemira. Em 1951, durante
um comício realizado no parque municipal de Rawalpindi, Liaquat Ali Khan foi
atingido por dois tiros no peito, disparado por um extremista afegão, Saad Akbar
Zadran, após a manifestação de Liaquat sobre a política externa do Afeganistão.

"MINHA MÃE DESEJAVA QUE EU ME CASASSE COM ALGUÉM COMUM E ISSO EU NUNCA PODERIA ACEITAR, IRMA... UMA MULHER DECENTE DEVE PROGREDIR NESSE MUNDO"

MARIA EVA DUARTE DE PERÓN

Nascimento:
7 de maio de 1919, Los Toldos, Argentina.
Falecimento:
26 de julho de 1952, Buenos Aires, Argentina
Ocupação:
Atriz, cantora, primeira-dama da Argentina, presidente do Partido Feminista Peronista,ministra da Saúde entre 1946 e 1952; ministra do Trabalho e do Bem-estar Social entre 1946 e 1952, vice-presidente e presidente do Senado entre agosto e outubro de 1951 e líder espiritual da Nação da Argentina entre maio e julho de 1952.
Nota:
Evita Perón foi casada com o coronel Juan Domingo Perón e, ao seu lado, tornou-se a "líder espiritual" da Argentina quando seu marido se tornou presidente da Argentina em 1946. Ao seu lado, alcançou enorme popularidade, principalmente junto às classes trabalhadoras. Em 1950, foi diagnosticado um câncer cervical agressivo que levaria à sua morte dois anos depois. Em suas últimas horas, após dizer as últimas palavras à sua camareira, Irma, Evita Perón entrou em coma, vindo a falecer horas depois. Seu corpo foi embalsamado e exposto publicamente, após um cortejo fúnebre pelas ruas de Buenos Aires, levando à comoção pública de toda a Argentina. Em 1955, Perón foi deposto e exilado. O corpo de Evita foi roubado de seu mausoléu e, posteriormente, entregue a Perón, em seu exílio na Espanha. Durante o mandato de Isabel Perón, como a primeira presidente mulher do mundo, o corpo de Evita foi trasladado para a Argentina e, hoje, repousa no mausoléu da família Duarte, no cemitério de La Recoleta, em Buenos Aires.

"NASCI EM UM QUARTO DE HOTEL, E COM OS DIABOS, AGORA TAMBÉM MORRO EM UM!"

EUGENE GLADSTONE O'NEILL

Nascimento:
16 de outubro de 1888, Nova Iorque, Nova Iorque, Estados Unidos da América.
Falecimento:
27 de novembro de 1953, Boston, Massachusetts, Estados Unidos da América.
Ocupação:
Escritor e dramaturgo, vencedor do Prêmio Nobel de Literatura em 1936.
Nota:
Eugene O'Neill, um dos maiores dramaturgos do século XX, sofria de vários problemas de saúde, e, nos últimos dez anos de sua vida, apresentou um tremor em suas mãos que foi diagnosticado inicialmente como mal de Parkinson, o que lhe impedia de produzir suas peças. O'Neill morreu no quarto 401 do Hotel Sheraton, em Boston, aos 65 anos. Uma análise revisada de sua autópsia revelou que o dramaturgo sofria na verdade de uma atrofia cortical do cerebelo.
Atualmente, o Hotel Sheraton foi transformado em alojamentos para a Universidade de Boston e, circula a lenda, de que o fantasma de O'Neill habita no andar em que veio falecer.

"ESTOU MUITO CHATEADO COM TUDO ISSO... QUE TOLO EU FUI!"

WINSTON LEONARD SPENCER CHURCHILL

Nascimento:
30 de novembro de 1874, Woodstock, Oxfordshire, Inglaterra

Falecimento:
24 de janeiro de 1954, Londres, Inglaterra.

Ocupação:
Primeiro-ministro britânico entre 1940 e 1945 e 1951 e 1955, estadista, jornalista, orador, escritor, pintor, historiador e vencedor do Prêmio Nobel de Literatura em 1953.

Nota:
Winston Churchill foi um dos principais estadistas do século XX liderando a Grã-Bretanha à vitória na Segunda Guerra Mundial. Foi um dos primeiros a alertar o mundo, já durante a década de 1930, sobre as pretensões territoriais nazistas, o que o levou a ser considerado belicista pela opinião pública inglesa. Em 1940, Churchill chegou ao cargo de primeiro-ministro britânico, baseando suas ações em discursos memoráveis, conclamando o povo britânico à resistência. Sua crescente aproximação com o então presidente norte-americano Roosevelt, visando o ingresso definitivo dos Estados Unidos da América na guerra, foram essenciais para o êxito das forças aliadas. Em seu leito de morte, ao ser perguntado se ele se arrependia de algo, Winston Churchill declarou sua insatisfação com o fato de não ter conseguido impedir a eclosão da Segunda Guerra Mundial. Logo após, entrou em coma, vindo a falecer nove dias depois.

"ESPERO QUE A SAÍDA SEJA A ALEGRIA E A ESPERANÇA DE NUNCA RETORNAR"

MAGDALENA CARMEN FRIDA KAHLO Y CALDERÓN

Nascimento:
6 de julho de 1907, Coyoacán, México.
Falecimento:
13 de julho de 1954, Coyoacán, México.
Ocupação:
Pintora e artista plástica.
Nota:
A pintora Frida Kahlo, esposa do famoso pintor e muralista Diogo Rivera, foi uma das mais expressivas representantes do movimento surrealista na América. Alguns dias antes de falecer, ela escreveu suas últimas palavras em seu diário, o que levanta a suspeita de suicídio. A causa oficial da morte foi embolia pulmonar, embora também se suspeite de overdose acidental ou não. Ela se encontrava doente há vários anos, e teve amputada uma perna, no ano anterior ao seu falecimento, devido a uma gangrena. Uma autopsia nunca foi realizada.

"EU VOS DEI A MINHA VIDA, AGORA VOS OFEREÇO A MINHA MORTE. NADA RECEIO. SERENAMENTE DOU O PRIMEIRO PASSO NO CAMINHO DA ETERNIDADE E SAIO DA VIDA PARA ENTRAR NA HISTÓRIA"

GETÚLIO DORNELLES VARGAS

Nascimento:
19 de abril de 1882, São Borja, Rio Grande do Sul, Império do Brasil.
Falecimento:
24 de agosto de 1954, Rio de Janeiro, Estados Unidos do Brasil.
Ocupação:
Advogado, deputado federal, ministro da Fazenda, presidente da província do Rio Grande do Sul entre 1928 e 1930 e presidente dos Estados Unidos do Brasil entre 1930 e 1945 e 1951 e 1954.
Nota:
O segundo mandato de Getúlio Vargas como presidente da República foi marcado pela polêmica e por escândalos de corrupção de membros do governo e de pessoas ligadas diretamente à presidência. Uma série de medidas, algumas de grande avanço social e outras populistas levou ao rompimento do apoio militar que o governo detinha. Protestos populares, liderados pelo jornalista Carlos Lacerda, levaram à convulsão social, principalmente após a tentativa de assassinato de Lacerda organizado pela guarda pessoal do presidente. Esta crise levou Getúlio Vargas ao suicídio na madrugada de 23 para 24 de agosto de 1954, logo depois de sua última reunião ministerial, na qual foi aconselhado a se licenciar da presidência, fato que consentiu sob condições. Vargas deixou uma carta endereçada ao povo brasileiro, escrita horas antes de seu suicídio e que foi lida em seu funeral pelo, então, ministro do Trabalho, e depois presidente da República, João Belchior Marques Goulart.

"CITATER FRA..."

ALBERT EINSTEIN

Nascimento:

14 de março de 1879, Ulm, Ducado de Württemberg, atual estado de Baden-Württemberg, Alemanha

Falecimento:

18 de abril de 1955, Princeton, Nova Jérsei, Estados Unidos da América.

Ocupação:

Físico teórico e vencedor do Prêmio Nobel de Física em 1921.

Nota:

Einstein sofreu uma hemorragia interna, em virtude da ruptura de um aneurisma da aorta. Na ocasião, ele preparava um discurso em comemoração ao aniversário de fundação do Estado de Israel, entretanto o deixou inacabado. Estas são as suas últimas palavras: "Em essência, o conflito hoje existente não é nada mais que a velha luta pelo poder, novamente apresentada à humanidade, travestida de andrajos semirreligiosos. A diferença é que, hoje em dia, o desenvolvimento do poder do átomo tem imbuído esta luta de uma sombra fantasmagórica; pois ambas as partes sabem e admitem que se a querela se deteriorar até uma guerra real, a humanidade está condenada. Apesar deste conhecimento, os estadistas em posição de responsabilidade em ambos os lados continuam a explorar a técnica bem conhecida de perseguição, intimidação e desmoralização do oponente através da organização de uma força militar superior. Eles assim fazem mesmo conscientes de que tal política implica no risco de guerra e de destruição. Nenhum estadista em uma posição de responsabilidade ousou seguir o único curso que os separa das promessas de paz, o curso da segurança supranacional, uma vez que para um estadista seguir essa rota seria o equivalente ao suicídio político. As paixões políticas, uma vez que elas aumentam o calor das discussões, exigem as suas vítimas... Citater fra..."

"EU NUNCA DEVERIA TER TROCADO O SCOTCH POR MARTINIS"

HUMPHREY DEFOREST BOGART

Nascimento:
25 de dezembro de 1899, Nova Iorque, Nova Iorque, Estados Unidos da América.
Falecimento:
14 de janeiro de 1957, Los Angeles, Califórnia, Estados Unidos da América.
Ocupação:
Ator.
Nota:
Humphrey Bogart, um dos mais famosos atores da era de ouro do cinema norte-americano, era um fumante inveterado, tendo contraído câncer de esôfago. Entretanto, Bogart nunca havia procurado ajuda médica, nem tratamento até um ano antes de seu falecimento. Suas últimas palavras teriam sido ditas ao ator Spencer Tracy, na noite anterior à sua morte, pouco tempo antes de entrar em coma.

"EM POUCO TEMPO, CAVALHEIROS, NÓS NOS ENCONTRAREMOS NOVAMENTE. ESTE É O DESTINO DE CADA SER-HUMANO. VIDA LONGA À ALEMANHA! VIDA LONGA À ARGENTINA! VIDA LONGA À ÁUSTRIA! EU TINHA QUE OBEDECER ÀS REGRAS DA GUERRA E ÀS DE MINHA BANDEIRA. EU ESTOU PRONTO".

KARL ADOLF EICHMANN

Nascimento:
19 de março de 1906, Solingen, Império da Alemanha.
Falecimento:
31 de maio de 1962, Ramla, Israel.
Ocupação:
Tenente-coronel da SS (Schutzstaffel) e chefe do Departamento IV B 4 da Gestapo, órgão responsável por toda a logística relacionada com os estudos e execução do extermínio.
Nota:
Eichmann foi o responsável pela logística do extermínio de milhões de pessoas durante a Alemanha Nazista, tendo organizado a identificação e o transporte de pessoas para os diferentes campos de concentração espalhados pela Europa, sendo, por isso, conhecido frequentemente como o "Executor Chefe" do III Reich. Após o término da Guerra, Eichmann fugiu para a Argentina, valendo-se de um passaporte falso da Cruz Vermelha Internacional, e vivendo lá como um funcionário da Mercedes-Benz, até ser sequestrado e levado para Israel por agentes secretos do Mossad. Lá, ele foi julgado e condenado por 15 crimes, inclusive crimes de guerra e crimes contra a humanidade, e condenado à morte por enforcamento.

"TODAS AS GRANDES BOBAGENS QUE VOCÊ FAZ NA VIDA, NESTA VIDA É QUE PAGAMOS"

ÉDITH PIAF, pseudônimo de ÉDITH GIOVANNA GASSION

Nascimento:
19 de dezembro de 1915, Paris, França
Falecimento:
10 de outubro de 1963, Plascassier, França.
Ocupação:
Cantora e atriz.
Nota:
Édith Piaf foi uma cantora francesa de música de salão e variedades, mas foi reconhecida internacionalmente pelo seu talento no estilo francês da "chanson", levando-a a ser considerada como a "voz da França". Seu canto expressava claramente sua trágica história de vida. Entre seus maiores sucessos estão "La vie en rose" (1946), "Hymne à l'amour" (1949), "Milord" (1959), "Non, je ne regrette rien" (1960). Em 1951, sofreu um acidente de carro, junto com o cantor Charles Aznavour, quebrando um braço e várias costelas; sua recuperação a levou ao vício de morfina e de álcool. Em seus últimos anos de vida, foi diagnosticado um câncer de fígado, o que a levou à morte. Suas últimas palavras foram ditas à sua irmã, em seu leito de morte. Piaf está sepultada no cemitério de Père Lachaise, em Paris, e seu enterro foi acompanhado por uma multidão poucas vezes vista na capital francesa.

"DESDE O DIA DO MEU NASCIMENTO, MINHA MORTE COMEÇOU A SUA CAMINHADA. ESTÁ ANDANDO EM MINHA DIREÇÃO, SEM SE APRESSAR"

JEAN-MAURICE EUGÈNE COCTEAU

Nascimento:
5 de julho de 1889, Maisons-Lafitte, França.
Falecimento:
11 de outubro de 1963, Milly-la-Forêt, França.
Ocupação:
Poeta, cineasta, designer, ator, diretor teatral e dramaturgo.
Nota:
Jean Cocteau é considerado como um dos mais importantes cineastas franceses de todos os tempos, apesar de ter realizado apenas sete filmes. Aliado ao movimento estético do Surrealismo, suas peças e filmes, além de sua produção literária, são exemplos da possibilidade da conjugação com maestria dos novos e velhos códigos verbais, da linguagem cênica e das tecnologias proporcionadas pelo Modernismo. A sua abordagem versátil e nada convencional e sua enorme produtividade lhe trouxeram fama internacional. Morreu de ataque cardíaco em seu château em Milly-la-Forêt, aos 74 anos, algumas horas depois de receber a notícia da morte de sua grande amiga, Édith Piaf.

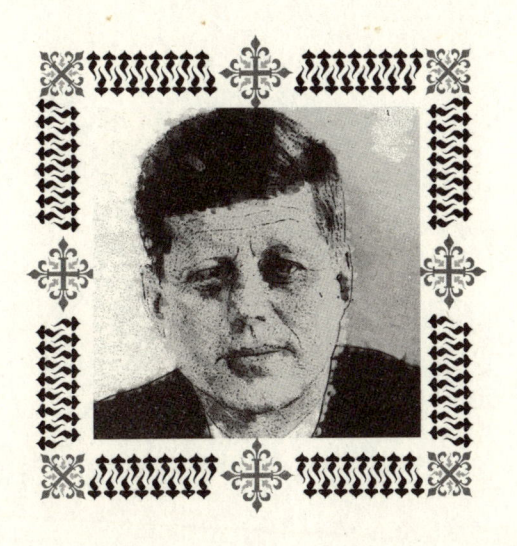

"NÃO, CERTAMENTE NÃO PODEMOS DIZER ISSO"

JOHN FITZGERALD KENNEDY

Nascimento:
29 de maio de 1917, Brookline, Massachusetts, Estados Unidos da América.
Falecimento:
22 de novembro de 1963, Dallas, Texas, Estados Unidos da América.
Ocupação:
Economista, militar, político, deputado, senador pelo estado de Massachusetts e presidente dos Estados Unidos da América entre 1961 e 1963.
Nota:
Durante a campanha pela reeleição de 1964, Kennedy realizou uma série de viagens pelos vários estados para promover encontros políticos com lideranças locais. Ao visitar Dallas, Kennedy e a primeira-dama, Jacqueline, foram recebidos pelo governador do Texas, John Connelly e sua esposa, Nellie. Momentos antes de ser atingido mortalmente, a esposa do governador Connelly (segundo declaração posterior) teria comentado com o presidente: "Certamente não podemos dizer que o povo de Dallas não sabe dar-lhes uma excelente recepção, não concorda senhor Presidente?". As últimas palavras de Kennedy foram proferidas em resposta a este comentário.

"NO PRESENTE MOMENTO NÃO TENHO NADA MAIS PARA LHE DIZER"

LEE HARVEY OSWALD

Nascimento:
18 de outubro de 1939, Nova Orleans, Louisiana, Estados Unidos da América.
Falecimento:
24 de novembro de 1963, Dallas, Texas, Estados Unidos da América.
Ocupação:
Militar e militante comunista.
Nota:
Lee Harvey Oswald foi membro do corpo de fuzileiros navais dos Estados Unidos da América e, quando deu baixa, mudou-se para a União Soviética, retornando alguns anos depois para os Estados Unidos. Em 22 de novembro de 1963, Oswald baleou e matou o presidente John Kennedy a partir de uma janela de um depósito de livros em Dallas. Preso pela polícia local após o assassinato de um policial naquela mesma tarde, Oswald sempre alegou inocência sobre os crimes cometidos. Suas últimas palavras foram proferidas ao inspetor Thomas Kelly do serviço secreto norte-americano, instantes antes de ser baleado por Jack Ruby.

"IRMÃOS, IRMÃOS! POR FAVOR, DEIXEM DISSO, ACALMEM-SE! ESTA É UMA CASA DE PAZ!"

MALCOM X (MALCOLM LITTLE), também conhecido por **EL-HAJJ MALIK EL-SHABAZZ**

Nascimento:
19 de maio de 1925, Omaha, Nebrasca, Estados Unidos da América.
Falecimento:
21 de fevereiro de 1965, Nova Iorque, Nova Iorque, Estados Unidos da América.
Ocupação:
Ministro muçulmano, orador e ativista pelos direitos humanos.
Nota:
Malcom X foi um dos principais ativistas pelos direitos dos afro-americanos na década de 1960, figurando como um dos mais importantes batalhadores pelas conquistas das minorias, ao lado de Marthin Luther King Jr. Ao discursar em uma reunião da Organização pela Unidade Afro-americana em Nova Iorque, tentou apartar uma discussão entre os participantes, discussão realizada para criar uma distração aos seus reais propósitos, ou seja, o assassinato do líder negro. Malcom X foi alvejado 16 vezes, vindo a falecer ao dar entrada no Hospital Presbiteriano de Nova Iorque.

"QUERIA ESTAR ESQUIANDO..." [Enfermeira: "Oh, Sr. Laurel, o senhor sabe esquiar?"] **"NÃO, MAS PREFERIA ESTAR ESQUIANDO A FAZER O QUE ESTOU FAZENDO AGORA"**

STAN LAUREL, pseudônimo de ARTHUR STANLEY JEFFERSON.

Nascimento:
16 de junho de 1890, Ulverston, Lancashire, Inglaterra.

Falecimento:
23 de fevereiro de 1965, Santa Mônica, Califórnia, Estados Unidos da América.

Ocupação:
Ator, escritor e diretor de cinema, um dos membros da famosa dupla de comediantes do cinema, "O Gordo e o Magro", em conjunto com Oliver Hardy.

Nota:
Considerado como um dos grandes comediantes do cinema, Stan Laurel nunca se recuperou da morte de Oliver Hardy em 1957; com a perda de seu grande amigo, decidiu não mais atuar. Em 1965, o ator sofreu uma série de ataques cardíacos, levando-o à internação em um hospital de Santa Mônica, Califórnia. Comediante até o último momento, Laurel declarou suas últimas palavras à sua enfermeira instantes antes de sofrer o último e derradeiro ataque.

"LSD, 100 MICROGRAMAS, INTRAMUSCULAR"

ALDOUS LEONARD HUXLEY

Nascimento:
26 de julho de 1894, Goldalming, Surrey, Inglaterra.
Falecimento:
22 de novembro de 1966, Los Angeles, Califórnia, Estados Unidos da América.
Ocupação:
Escritor.
Nota:
Aldous Huxley, autor de "Admirável Mundo Novo", era viciado em drogas psicodélicas, entre elas, mescalina e LSD. Em seus anos finais, após ser diagnosticado com câncer, passou a consumir um volume maior da droga. Em seu leito de morte e incapaz de falar, escreveu uma nota à sua segunda esposa, para que ela lhe injetasse uma dosa final da droga.

| "TALVEZ EU NÃO TENHA VIVIDO EM VÃO..." |

"EU SEI QUE VOCÊS VIERAM AQUI PARA ME MATAR. ATIREM COVARDES, VOCÊS APENAS VÃO MATAR UM HOMEM"

ERNESTO "CHE" GUEVARA

Nascimento:
14 de junho de 1928, Rosário, Argentina.
Falecimento:
9 de outubro de 1967, La Higuera, Bolívia.
Ocupação:
Revolucionário marxista, político, escritor, médico, teórico militar e líder guerrilheiro.
Nota:
Há controvérsia sobre as reais últimas palavras do líder guerrilheiro. Devido aos diversos relatos sobre a caçada empreendida pelo governo boliviano às forças guerrilheiras, as quais pretendiam implantar uma república socialista na Bolívia, há muita confusão e incerteza a cerca das verdadeiras últimas palavras de "Che" e em virtude das declarações do general Ovando, chefe das forças armadas bolivianas (hoje sabidas como inverídicas), de que "Che" teria morrido em combate. Segundo o relato do sargento Jaime Terán, um dos seus executores, suas últimas palavras teriam sido: "Saiba agora que você está matando um homem". Segundo o relato do coronel Arnaldo Saucedo Parada, chefe da inteligência da 8ª Divisão do Exército, as últimas palavras de "Che" foram as relatadas acima. Segundo alguns soldados do pelotão, Che declarou: "Não atirem, eu sou 'Che' Guevara e valho mais vivo do que morto!"

"BEN, NÃO SE ESQUEÇA DE TOCAR 'TAKE MY HAND, PRECIOUS LORD' EM NOSSA REUNIÃO DE HOJE À NOITE. TOQUE-A MUITO BEM"

MARTIN LUTHER KING JUNIOR

Nascimento:
15 de janeiro de 1929, Atlanta, Geórgia, Estados Unidos da América.
Falecimento:
4 de abril de 1968, Memphis, Tennessee, Estados Unidos da América.
Ocupação:
Pastor batista, um dos mais proeminentes líderes e ativistas do movimento pelos direitos humanos afro-americanos, na década de 1960, e vencedor do Prêmio Nobel da Paz, em 1964.
Nota:
Martin Luther King era odiado por muitos segregacionistas do sul dos Estados Unidos da América, por seu posicionamento político em apoio aos direitos humanos, sobretudo aqueles voltados à comunidade afro-americana. Em março de 1968, King viajou à Memphis para apoiar movimento dos trabalhadores negros por salários iguais aos dos brancos. King foi baleado às 18h01, de 4 de abril no terraço do segundo piso do Lorraine Motel. A bala atravessou seu rosto pela bochecha direita, estilhaçando sua mandíbula, atravessando sua coluna vertebral e se alojando em seu ombro. A identidade do assassino nunca foi confirmada ao certo. Suas últimas palavras, testemunhadas pelo reverendo Jesse Jackson, foram dirigidas ao músico Ben Branch que estaria realizando uma apresentação naquela mesma noite.

"TODO MUNDO ESTÁ BEM?"

ROBERT FRANCIS KENNEDY

Nascimento:
20 de novembro de 1925, Brookline, Massachusetts, Estados Unidos da América.
Falecimento:
6 de junho de 1968, Los Angeles, Califórnia, Estados Unidos da América.
Ocupação:
Advogado, político, procurador-geral dos Estados Unidos da América entre 1961 e 1964 e senador pelo estado de Nova Iorque, entre 1965 e 1968.
Nota:
No início de 1968, Robert Kennedy anunciou sua intenção de concorrer à indicação de candidato à presidência dos Estados Unidos da América pelo partido Democrata. Kennedy venceu seu opositor em uma decisiva eleição primária realizada na Califórnia; momentos após o anúncio de sua vitória, Sirhan Bishara Sirhan, um jovem palestino que decidiu matar o candidato pelo fato de Kennedy ser declaradamente pró-Israel (no momento, em luta contra os palestinos na Guerra dos Seis Dias), disparou três tiros à queima-roupa contra o senador, encerrando o seu sonho de suceder seu irmão, John Kennedy, à frente da presidência do país. Ferido, o senador, pai de dez filhos, morreu em um hospital de Los Angeles, na manhã do dia seguinte. Suas últimas palavras foram sussurradas para sua esposa, após ser atingido e momentos antes de entrar em coma.

"EU SEMPRE AMEI MINHA ESPOSA, MEUS FILHOS, E MEUS NETOS, E SEMPRE AMEI O MEU PAÍS. QUERO IR AGORA. DEUS, LEVE-ME"

DWIGHT DAVID EISENHOWER

Nascimento:
14 de outubro de 1890, Denison, Texas, Estados Unidos da América.
Falecimento:
28 de março de 1969, Washington D.C., Estados Unidos da América.
Ocupação:
General-de-divisão, comandante supremo das forças aliadas durante a Segunda Guerra Mundial e presidente dos Estados Unidos da América entre 1953 e 1961
Nota:
Eisenhower foi um dos maiores estrategistas norte-americanos da Segunda Guerra Mundial, tendo liderado ao lado de outros grandes militares as forças aliadas na luta contra as forças do Eixo. Após o término da Guerra, ingressou na política sendo eleito presidente dos Estados Unidos da América. Morreu de falência cardíaca no Walter Reed Army Hospital, em Washington D.C., cercado por seus familiares.

"SINTO UMA DOR AQUI [apontando para a própria nuca]"

CHARLES ANDRÉ JOSEPH MARIE DE GAULLE

Nascimento:
22 de novembro de 1890, Lille, França.
Falecimento:
9 de novembro de 1970, Colombey-les-Deux-Églises, França.
Ocupação:
General de exército, comandante das forças de libertação francesas durante a
Segunda Guerra Mundial, primeiro-ministro da França, ministro da defesa, chefe
do governo provisório da República Francesa entre 1946 e 1949; copríncipe de
Andorra entre 1944 e 1946 e entre 1959 e 1969 e presidente da República
Francesa entre 1959 e 1969.
Nota:
De Gaulle renunciou à presidência da França em abril de 1969, após a derrota de
um referendo que daria maiores poderes aos conselhos regionais. Retirando-se
para sua residência em Colombey-les-Deux-Églises, viria falecer de repente, duas
semanas antes de completar 80 anos, vitimado por um derrame cerebral
enquanto assistia ao noticiário televisivo. Suas últimas palavras foram proferidas
minutos antes de cair inconsciente e falecer logo depois.

| "TALVEZ EU NÃO TENHA VIVIDO EM VÃO..." |

"OH, VOCÊS JOVENS AGEM COMO VELHOS. VOCÊS NÃO SABEM SE DIVERTIR"

JOSEPHINE BAKER, pseudônimo de **FREDA JOSEPHINE** McDONALD

Nascimento:
3 de junho de 1906, Saint Louis, Missouri, Estados Unidos da América.
Falecimento:
12 de abril de 1975, Paris, França
Ocupação:
Cantora e dançarina.
Nota:
Grande dançarina e cantora norte-americana, radicada em Paris, Josephine Baker sempre esteve à frente do vaudevile. Viajando em turnê pela Europa, estreou em Paris, em 1925, no Théâtre des Champs-Élysées, fazendo imediato sucesso com sua dança erótica, aparecendo praticamente nua em cena. Graças ao sucesso da sua temporada europeia, rompeu o contrato e voltou para a França, tornando-se a estrela da "Folies Bergère". Em 1950, estreia um espetáculo em comemoração aos 50 anos de sua carreira, com grande afluxo de personalidades, entre elas os príncipes de Mônaco. Dois dias mais tarde, Baker foi encontrada dormindo pacificamente em sua cama, cercada pelos jornais que apresentavam excelentes críticas sobre sua performance; ela havia entrado em coma após ter sofrido um derrame cerebral. Suas últimas palavras registradas foram ditas a um dançarino, várias décadas mais jovem do que ela em uma tentativa de seduzi-lo.

| "TALVEZ EU NÃO TENHA VIVIDO EM VÃO..." |

"MALDIÇÃO... NÃO OUSE PEDIR A DEUS PARA ME AJUDAR"

JOAN CRAWFORD, pseudônimo de LUCILLE FAY LeSUEUR

Nascimento:
23 de março de 1905, San Antonio, Texas, Estados Unidos da América.
Falecimento:
10 de maio de 1977, Nova Iorque, Nova Iorque, Estados Unidos da América.
Ocupação:
Atriz de cinema.
Nota:
Joan Crawford foi uma das grandes atrizes da época de ouro do cinema norte-americano, ganhadora do prêmio da Academia de Artes e Ciências de Hollywood de melhor atriz em 1945, por "Almas em Suplício". Segundo sua filha Christina, esse comentário foi dirigida à sua caseira, quando esta começou a orar em voz alta, após a atriz ter sofrido um ataque de coração, em virtude do tratamento de câncer de pâncreas que a mesma realizava.

"POR QUE NÃO? AFINAL, ELA PERTENCE A ELE"

CHARLES SPENCER CHAPLIN

Nascimento:
16 de abril de 1889, Walworth, Londres, Inglaterra.
Falecimento:
25 de dezembro de 1977, Vevey, Suíça.
Ocupação:
Ator, diretor, escritor, roteirista e compositor.
Nota:
Na verdade, Charles Chaplin não disse esta frase, pois faleceu enquanto dormia. A frase foi dita pelo personagem Henri Verdoux em seu filme "Monsieur Verdoux". Faleceu aos 88 anos no dia de Natal, em sua residência, em Vevey, Suíça, em consequência de um derrame cerebral, sendo enterrado em Corsier-Sur-Vevey, Vaud, Suíça. Três meses depois, a 3 de março de 1978, mecânicos búlgaro-poloneses invadiram o cemitério na calada da noite, violando sua sepultura e roubando o corpo na tentativa de extorquir dinheiro de sua família. O plano falhou: os ladrões foram capturados e condenados à morte; o corpo foi recuperado 11 semanas depois, no lago Léman, e novamente enterrado em Corsier-Sur-Vevey, desta vez sob um tampão de concreto de dois metros de espessura (por ordem da família de Chaplin), como medida de precaução para se evitar outras ocorrências como essa.

"VAMOS PARA CASA, POIS QUERO VER SEAN ANTES QUE ELE VÁ DORMIR"

JOHN WINSTON ONO LENNON

Nascimento:
9 de outubro de 1940, Liverpool, Inglaterra.
Falecimento:
8 de dezembro de 1980, Nova Iorque, Nova Iorque, Estados Unidos da América.
Ocupação:
Compositor, músico, escritor, poeta, artista e ativista pela paz.
Nota:
John Lennon, ex-integrante do grupo "The Beatles" e um dos mais populares músicos do século XX, foi baleado quatros vezes na nuca por Mark David Chapman, em frente ao Hotel Dakota, em Nova Iorque, onde residia com sua esposa, Yoko Ono, e seu filho, Sean. Em uma entrevista dada à Kirsty Young, Yoko Ono declarou que as últimas palavras de Lennon foram proferidas após ela ter sugerido que o casal fosse jantar antes de voltar para casa. Circula uma outra versão de que as últimas palavras de Lennon teriam sido "Sim, eu sou John Lennon", ditas ao policial Paolo Meccano, no caminho para o hospital. Sabe-se, hoje, que estas palavras nunca foram ditas, uma vez que Lennon teve todos os órgãos da garganta destruídos ao ser atingido pelos tiros na nuca.

"O DINHEIRO NÃO PODE COMPRAR A VIDA"

BOB MARLEY, pseudônimo de ROBERT NESTA MARLEY

Nascimento:
6 de fevereiro de 1945, Saint Ann, Jamaica.
Falecimento:
11 de maio de 1981, Miami, Flórida, Estados Unidos da América.
Ocupação:
Cantor e compositor.
Nota:
Em 1977, Marley foi diagnosticado com uma forma maligna de melanoma que lhe atingira os dedos do pé. Ele recusou a amputação, pois a crença rastafári afirma que o corpo deve ser sempre um todo. Enquanto voava da Alemanha para a Jamaica, Marley passou mal e teve que receber atendimento de emergência em Miami, onde o avião pousou. O câncer havia se espalhado, produzindo metástase para os pulmões e cérebro. Suas últimas palavras foram ditas para seu filho, o também músico Ziggy Marley.

"POR FAVOR, CONTINUE EM FRENTE, COURTNEY, POR FRANCES, PARA QUE A VIDA DELA SEJA MUITO MAIS FELIZ SEM MIM. EU AMO VOCÊS, EU AMO VOCÊS"

KURT DONALD COBAIN

Nascimento:
20 de fevereiro de 1967, Aberdeen, Washington, Estados Unidos da América.
Falecimento:
5 de abril de 1995, Seattle, Washington, Estados Unidos da América.
Ocupação:
Músico e compositor.
Nota:
Líder do grupo Nirvana e um dos criadores do movimento "grunge" na música norte-americana, Cobain foi encontrado morto com um tiro no queixo ao lado de um bilhete de suicídio. Em seu corpo também foram encontradas altas doses de heroína e sedativos. Nos meses anteriores à sua morte, sua esposa Courtney Love relatou por diversas vezes que Cobain mostrava tendências suicidas e que já havia tentado se matar outras três vezes.

"JESUS, EU O AMO. JESUS, EU O AMO"

MADRE TERESA DE CALCUTÁ
(AGNES GONXHA BOJAXHIU)

Nascimento:
26 de agosto de 1910, Skopje, Império Otomano, atual República da Macedônia.
Falecimento:
5 de setembro de 1997, Calcutá, Índia.
Ocupação:
Missionária católica, enfermeira e fundadora da Ordem das Irmãs Missionárias da Caridade.
Nota:
Segundo uma das irmãs da Ordem das Missionárias da Caridade, Madre Teresa recebeu a notícia da proclamação de Santa Teresinha do Menino Jesus, a quem nutria grande devoção, como Doutora da Igreja. Suas últimas palavras foram: "Vocês podem imaginar que apenas por fazer o bem, com grande amor, a Igreja a declarou uma Doutora, como São Agostinho e a grande Santa Teresa d'Ávila! É exatamente como Jesus disse no Evangelho, 'Irmão, venha para o lugar mais alto'". Um de seus pensamentos era: "Não usemos bombas nem armas para conquistar o mundo. Usemos o amor e a compaixão. A paz começa com um sorriso".

"ESTOU PERDIDO"

FRANCIS ALBERT "FRANK" SINATRA

Nascimento:
12 de dezembro de 1915, Hoboken, Nova Jérsei, Estados Unidos da América.
Falecimento:
14 de maio de 1998, Los Angeles, Califórnia, Estados Unidos da América.
Ocupação:
Cantor, ator, produtor e diretor de cinema.
Nota:
Frank Sinatra foi um dos maiores cantores populares norte-americanos. Sem nenhum treinamento formal, Sinatra desenvolveu um estilo altamente sofisticado. Sua habilidade em criar uma longa e fluente linha musical sem pausas para respiração (recursos vocais normalmente encontrados em óperas), sua manipulação de frases (apenas encontradas em Billie Holiday), o fez chegar bem mais longe que o usual dos cantores pop. Sofrendo de câncer e acometido por uma série de ataques cardíacos, em seus últimos meses de vida, veio a falecer ao lado da família e de sua esposa, Barbara Marx. Suas últimas palavras foram proferidas à sua esposa, segundo sua filha, Nancy Sinatra, como relatado pelo colunista da revista de entretenimento, "Variety", Army Archerd.

"AFINAL PODEREI VER MARILYN NOVAMENTE"

GIUSEPPE PAOLO DIMAGGIO JUNIOR

Nascimento:
25 de novembro de 1914, Martinez, Califórnia, Estados Unidos da América.
Falecimento:
8 de março de 1999, Hollywood, Flórida, Estados Unidos da América.
Ocupação:
Jogador de beisebol.
Nota:
Joe DiMaggio, um dos maiores atletas norte-americanos deste esporte, sofria de câncer de pulmão e teria dito suas últimas palavras, referindo-se à sua ex-mulher, Marilyn Monroe, com quem foi casado entre 1954 e 1955, de acordo com a declaração de seu advogado Morris Engelberg.

"DEIXEM-ME IR PARA A CASA DO SENHOR"

JOÃO PAULO II
(KAROL JÓZEF WOJTYAA)

Nascimento:
18 de maio de 1920, Wadowice, Polônia.
Falecimento:
2 de abril de 2005, Palácio Apostólico, Cidade do Vaticano.
Ocupação:
Ator, pedreiro, vendedor, bispo titular de Ombi, arcebispo de Cracóvia, cardeal
de San Cesareo in Palatio e papa entre 16 de outubro de 1978 e 2 de abril de 2005.
Nota:
Seu pontificado foi um dos mais longos da história da Igreja Católica Romana,
perdurando27 anos. Em 1981, João Paulo II sofreu uma tentativa de assassinato
que o levou a uma série de problemas de saúde nas décadas seguintes. Em março
de 2005, seu estado de saúde, agravado pelo mal de Parkinson, gerou uma série
de especulações, entre elas, a renúncia do papa e a morte iminente do mesmo.
Dez mil pessoas se dirigiram para a praça de São Pedro, permanecendo em
constante vigília. Afirma-se que ao tomar conhecimento disto, o papa, já em suas
últimas horas, declarou "Eu sempre procurei por vocês, e agora vocês vêm a
mim... muito obrigado a todos". Ao se anunciar a morte do papa, por choque
séptico, 2 milhões de pessoas compareceram à Cidade do Vaticano, sendo a maior
peregrinação da história da Cristandade. Diversos líderes mundiais expressaram
suas condolências em seus países de origem e compareceram para os ritos
fúnebres, sendo a maior reunião de líderes políticos e religiosos já registrada na
história recente do mundo.

"LUCIA..."

AUGUSTO JOSÉ RAMÓN PINOCHET UGARTE

Nascimento:
25 de novembro de 1915, Valparaíso, Chile.
Falecimento:
10 de dezembro de 2006, Santiago, Chile.
Ocupação:
General do exército chileno, presidente da Junta Governativa do Chile entre 1973 e 1974, presidente, ditador da República do Chile entre 1974 e 1990 e senador vitalício.
Nota:
Augusto Pinochet assumiu o controle do governo do Chile após um golpe militar que derrubou o governo de Salvador Allende, em 1973. Após o retorno à democracia, na década de 1990, Pinochet enfrentou uma dezena de processos judiciais, sendo que para cada um deles os juízes tiveram que cassar a imunidade de que gozava Pinochet graças à sua condição de ex-chefe de Estado e senador vitalício. No dia 3 de dezembro de 2006, sofreu um infarto do miocárdio e faleceu uma semana depois, vitimado por complicações do infarto e por um edema pulmonar agudo, no Hospital Militar. Uma hora depois do anúncio da sua morte, várias manifestações aconteceram em frente ao hospital, tanto a favor quanto em oposição ao ex-presidente. Suas últimas palavras foram dirigidas à sua esposa, Lucia Hiriart.

| "TALVEZ EU NÃO TENHA VIVIDO EM VÃO..." |

"NÃO HÁ NENHUM DEUS ALÉM DE ALÁ E MAOMÉ É O SEU PROFETA!"

SADDAM HUSSEIN ABD AL-MAJID AL-TIKRITI

Nascimento:
28 de abril de 1937, aldeia de Al-awja, pertencente à cidade de Tikrit, Reino do Iraque.

Falecimento:
30 de dezembro de 2006, Bagdá, Iraque.

Ocupação:
Estadista, político, ditador, presidente entre 1979 e 2003 e acumulando o cargo de primeiro-ministro do país nos períodos de 1979 e 1991 e 1994 e 2003.

Nota:
Após a invasão do Iraque pelas tropas de coalisão, lideradas pelos Estados Unidos, Saddam Hussein desapareceu de Bagdá. Em 13 de dezembro de 2003, Saddam Hussein, militando na resistência à ocupação, foi localizado em um porão de uma fazenda da cidade de Adwar, próxima a Tikrit, sua cidade natal, em uma operação conjunta entre tropas americanas e rebeldes curdos, sendo preso e encaminhado para julgamento. Organizações de defesa dos direitos humanos, como a Anistia Internacional, condenaram o julgamento, afirmando que ele teve erros e vícios, por ter sido realizado em um país dominado por conflitos sectários. Através de um celular, foram ilegalmente filmados os instantes finais de Saddam, em que se comprova outra versão de que sua execução não foi um formal cumprimento da sentença judicial, mas sim com os presentes fazendo-lhe humilhações e insultos. Saddam não foi julgado por genocídio contra os curdos iraquianos, nem por quaisquer outros fatos relacionados que lhe pudessem ser imputados. O prosseguimento do julgamento de Saddam Hussein, anunciado que continuaria mesmo após a execução, foi suspenso.

BIBLIOGRAFIA

Para maiores informações sobre a vida e a obra das personalidades apresentadas nesta obra, apresentamos abaixo algumas referências bibliográficas para uma maior compreensão da importâncias dessas pessoas na construção e desenvolvimento da História.

ABBOTT, Jacob. History of King Charles the First of England. London: Henry Altemus Company, 1928.

ACKROYD, Peter. The Life of Thomas More. New York: Anchor Books, 1993.

ALBERT EINSTEIN ARCHIVES, Draft of projected Telecast Israel Independence Day, April 1955 (last statement ever written), Einstein Archives Online, http://www.alberteinstein.info/db/ViewImage.do?DocumentID=20078&Page=1. 2007.

ALGRANT, Christine P. Madame de Pompadour. Rio de Janeiro: Objetiva, 2005.

AMBROSE, Stephen. Eisenhower: Soldier, General of the Army, President-Elect. New York: W. W. Norton & Company, 1983.

ANDRESS, David. The Terror. New York: Farrar, Straus and Giroux, 2005.

ARENDT, Hannah, Eichmann in Jerusalem: A Report on the Banality of Evil, 1963.

AXELROD, Toby. Hans and Sophie Scholl: German Resisters of the White Rose. New York: Saddleback Educational Publ., 2002.

BAKHTINE, Mikhail. L'Oeuvre de François Rabelais et la Culture Populaire au Moyen Âge et sous la Renaissance, Paris, 1970.

BALDWIN, Neil. Edison: Inventing the Century. Chicago: University of Chicago Press, 2001.

BARNES, John. Evita, First Lady: A Biography of Evita Peron. New York: Groves Press, 1996.

BAKER, Jean-Claude. Josephine Baker: The Hungry Heart. New York: Cooper Square Press, 2005.

BECKSON, Karl. The Oscar Wilde Encyclopedia.

BECKETT, Lucy. Richard Wagner. Cambridge: Cambridge Press, 2004.

BELFIELD, Richard. The Assassination Business: A History of State-Sponsored Murder. N. York: Carroll & Graf Publishers, 1985.

BELL, Don. The Man Who did Houdini. New York: Vehicule Press, 2004.

BENDCK, Jeanne. Arquimedes; São Paulo: Odysseus, 2002.

BERLIN, Isaiah. Karl Marx: His Life and Environment. Oxford: Oxford University Press, 1963.

BIOGRAPHICAL DIRECTORY OF THE UNITED STATES CONGRESS: James A. Garfiel.

BIOGRAPHICAL DIRECTORY OF THE UNITED STATES CONGRESS:Rutherford Hayes.

BIOGRAPHICAL DIRECTORY OF THE UNITED STATES CONGRESS:John Adams Jr.

BIOGRAPHICAL DIRECTORY OF THE UNITED STATES CONGRESS:Abraham Lincoln.

BIOGRAPHICAL DIRECTORY OF THE UNITED STATES CONGRESS:Thomas Jefferson.

BIOGRAPHICAL DIRECTORY OF THE UNITED STATES CONGRESS:John Quincy Adams.

BIOGRAPHICAL DIRECTORY OF THE UNITED STATES CONGRESS: Ulysses Grant.

BITSORI, Maria; GALANAKIS, Emmanouil. Epicurus' death. World Journal of Urology, 2004.

BLACK, Conrad. Franklin Delano Roosevelt: Champion of Freedom, 2003.

BLOOM, Peter. The Life of Berlioz. Cambridge: Cambridge Press, 2002.

BOYLE, Andrew. The Riddle of Erskine Childers. London: Hutchinson, 1977.

BRAYER, Elizabeth. George Eastman: A Biography. Baltimore: John's Hopkins University Press, 1996.

BROWN, Andrew. The Memoirs of the Life of Monseiur de Voltaire. London: Trafalgar, 2007.

BRUCE, Robert V. Bell: Alexander Bell and the Conquest of Solitude. Ithaca, New York: Cornell University Press, 1990.

BURSTEIN, Andrew. Jefferson's Secrets: Death and Desire at Monticello. New York: Basic Books, 2006.

BUSSING-BURKS, Marie. Influential Economists, Minneapolis: The Oliver Press, 2003.

CARR, Jonathan. Mahler. New York: Penguin Books, 1997.

CECIL, Robert. The Myth of the Master Race: Alfred Rosenberg and Nazi Ideology. New York: Dodd Mead & Co., 1972

CHAPLIN, Charles. My Autobiography. New York: Simon & Schuster, 1964.

CHERNOW, Ron. Alexander Hamilton. New York: Penguin Books, 2004.

CHOPRA, Deepak. Buda, a História de um Iluminado; Rio de Janeiro: Sextante, 2007.

COHEN, Morton N. Lewis Carroll: Uma Biograpia. Rio de Janeiro: Record, 1998.

COLEMAN, Terry. Nelson: The man and the legend. London: Bloomsbury, 2001.

DAVIES, Norman, Europe: A History. New York: Harper Collins Publ., 2008.

DAVIES, Peter J. Beethoven in Person: His Deafness, Illnesses, and Death. Westport: Greenwood Press, 2001.

DUFFY, Eamon. Santos e Pecadores: História dos Papas; São Paulo: Cosac-Naif, 1998.

EDISON, Thomas, Execution of Czolgosz, with a panorama of Auburn Prison.

ENCYCLOPAEDIA BRITANNICA, Mary I. London: Cambridge University Press, 1911.

ENCYCLOPAEDIA TITANICA, http://www.encyclopedia-titanica.org/

ENGELBERG, Morris. DiMaggio: Setting the Record Straight.

FERGUSON, Robert. Henrik Ibsen: A New Biography. London: Richard Cohen Books, 1996.

First Lady Biography: Sarah Polk. The National First Ladies Library, 2005.

FONTEYN, Margot. Pavlova, Portrait of a Dancer. Viking, 1984.

FRAGA, Clementino. Vida e Obra de Oswaldo Cruz. Rio de Janeiro: FIOCRUZ, 2005.

FRASER, Antonia. As Seis Mulheres de Henrique VIII. Rio de Janeiro: Best Bolso, 2009.

FRASER, Antonia. Cromwell. Berkley: Pub Group West, 2002.

FRASER, Antonia. Mary, Queen of Scots. London: Doubleday, 2005.

GALLO, Max. Victor Hugo. Rio de Janeiro: Bertrand Brasil, 2007.

GANDHI, Rajmohan. Gandhi: The Man, His People, and the Empire. Berkley: University of California Press, 2008.

GAUNT, Peter. Oliver Cromwell. London: Blackwell, 1996.

GAY, Peter. Freud: A Life for Our Time. New York: W. W. Norton & Company, 1988.

GEIRINGER, Karl. Haydn: A Creative Life in Music, 3rd ed., Berkley: University of California Press, 1982.

GIBBS, A. M. Bernard Shaw: A Life. Miami: University Press of Florida, 1997.

GILBERT, Martin. Winston S. Churchill. London: Heinemann, 1976.

GLEIK, James. Isaac Newton: Uma Biografia. São Paulo: Companhia das Letras, 2004.

GRAHAM, Robb. Victor Hugo: A Biography. New York: W.W. Norton & Company, 1997.

GRAYLING, A. C.. Wittgenstein. São Paulo: Edições Loyola, 2002.

GUZZO, Maria Auxiliadora Dias. Silva Jardim. São Paulo: Ícone, 2003.

HAAS, Charles A. Titanic: Triumph and Tragedy; W.W. Newton & Company, 2nd edition 1995.

HAMANN, Brigitte: Sissi, Elisabeth, Empress of Austria. New York: Taschen America; 1997.

HAYNES, Sam W. James K. Polk and the Expansionist Impulse. New York: Longman, 2000.

HEINRICH HEINE PORTAL http://www.heine-portal.de/

HERRERA, Hayden. Frida: A Biography of Frida Kahlo. Boston: Harper Perennial, 2002.

HYAMS, Joe. Bogie: The Biography of Humphrey Bogart. New York: New American Library, 1966.

HOLROYD, Michael. Bernard Shaw. The Lure of Fantasy: 1918–1951. New York: Ramdon House, 1991.

HOOVER, Arlie J. Friedrich Nietzsche - His Life and Thought. Santa Barbara: Praeger Group, 2001.

ISAACSON, Walter. Einstein: His Life and Universe. New York: Simon & Schuster, 2008.

JOHNSON, Paul. Os Heróis: de Alexandre, o Grande e Júlio César a Churchill e João Paulo II. Campinas, Campus, 2007.

JONES, J. William. Personal Reminiscences, Anecdotes, and Letters of Gen. Robert E. Lee. New York: Ramdon House, 2001.

JONES, Max: The Last Great Quest: Captain Scott's Antarctic Sacrifice. Oxford: Oxford University Press, 2003.

JORGE, Fernando. Vida e Poesia de Olavo Bilac. São Paulo: Novo Século, 2007.

JOURNAL DE CHARLES-HENRI SANSON, La Révolution Française vue par son Bourreau, le cherche midi, 2007, p 85-94.

KAPLAN, Fred: Dickens: A Biography, New York: William Morros, 1988.

KENEALLY, Thomas. Abraham Lincoln. New York: Penguin Books, 2008.

KERSHAW, Ian. Hitler: A Biography. New York: W. W. Norton, 2008.

KOIFMAN, Jorge, organizador: Presidentes do Brasil. Rio de Janeiro: Editora Rio, 1967.

KORDA, Michael. Ike: An American Hero. Boston: Harper Perennial, 2006.

KURTH, Peter . Isadora, a Sensational Life. New York: Little Brown, 2001.

LANGE, Monique. Piaf: A Biography. New York: Arcade Publishing, 2002.

LENGEL, Edward G. General George Washington: A Military Life. New York: Random House, 2005.

LIMONGI, Maria Isabel. Hobbes. São Paulo: Jorge Zahar, 2002.

LYNCH, John. Simón Bolívar. A Life. Verlag: Yale University Press, 2006.

LODGE, Henry Cabot. George Washington, 2 vols. Washington D.C., s.e. , 1898.

MAGALHÃES Jr., R. Vida e Obra de Machado de Assis. Rio de Janeiro: Record, 2008.

MANVELL, Roger. Heinrich Himmler: The SS, Gestapo, His Life and Career. New York: Skyhorse
Publishing, 2005.

MAOMÉ, http://www.cyberistan.org/islamic/death.html

MARRUS, Michael R. The Nuremberg War Crimes Trial, 1945-46: A Documentary History. London:
Bedford/St. Martin's, 1997.

McCULLOUGH, David. John Adams. New York: Simon & Schuster, 2008.

McLYNN, Frank . Napoleon. Berkley: University of California Press, 1998.

MENEGHETTI, Sylvia B. et al. Julio de Castilhos e o paradoxo republicano. Porto Alegre: Nova Prova,
2005.

MICHAELOWSKI, Kornel. Chopin, Fryderyk Franciszek, Grove Music Online, edited by L. Macy, 1988.

MICHEL, Dominique. Vatel et la Naissance de la Gastronomie. Paris: Fayard, 1999.

MILLER, Geoffrey. The Death of Manfred von Richthofen: Who fired the fatal shot?. Sabretache:
Journal and Proceedings of the Military History Society of Australia, vol. XXXIX, no. 2, 1998.

MORRIS, Edmund. Beethoven. Rio de Janeiro: Objetiva, 2007.

MOSSNER, Ernest Campbell. The Life of David Hume. Oxford: Oxford University Press, 1980.

MULLER, Jerry Z. Adam Smith in His Time and Ours. Princeton: Princeton Uinvesity Press, 1995.

NELSON, Randy F. The Almanac of American Letters. Los Altos, California: W. Kaufmann, Inc., 1981.

NEUBERG, Lotario. Garibaldi: Realidade & Mito. Porto Alegre: Ediplat, 2007.

NOKES, David. Jane Austen: A Life. Berkeley: University of California Press, 1998.

NORMAN, Phillip. John Lennon: The Life. New York: Ecco Press, 2008.

O'BRIEN, Michael. John F. Kennedy: A Biography. New York: St. Martin's Griffin, 2005.

PICKERING, Mary. Auguste Comte: An Intellectual Biography. Cambridge: Cambridge University Press,
1999.

PILKINGTON, Edward. 40 years after King's death, Jackson hails first steps into promised land.
London: The Guardian, 2004.

PINCKARD, Terry. Hegel: a Biography. Cambridge: Cambridge Press, 2000.

PINDAR, Ian. James Joyce: Life & Times. London: Haus Publishing, 2005.

POWERS, Ron. Mark Twain: a Life. New York: Free Press, 2008.

PLUTARCO. Life of Alexander. London: Penguin Books, 2005.

PUNER, Helen W. Sigmund Freud: His Life and Mind. . New York: Transaction Publishers, 1992.

RADZINSKY, Edvard. Alexander II: The Last Great Tsar. Boston: Freepress, 2005.

READ, Piers Paul. Os Templários, São Paulo: Imago, 1995.

RIDLEY, Jasper. Mussolini: A Biography. New York: Cooper Square Press, 2005.

ROBERTSON, James. Stonewall Jackson: The Man, the Soldier, the Legend. New York: MacMillan
Publishing, 1997.

ROGERS, Katharine M. L. Frank Baum: Creator of Oz. Boston: St. Martin's Press, 2002.

RUSSE, Michael. Charles Darwin. Hoboken: John Wiley and Sons, 2008.,

RUSSELL, Collin A. Faraday: Physics and Faith. Oxford: Oxford Press, 2001.

SAYRE, Robert F. Thoreau. New York: Penguin Books, 2002.

SCHONBERG, Harold C. The Lives of the Great Composers. New York: W. W. Norton, 1970.

SCHWARCZ, Lílian M. et al. General Osório. São Paulo: Companhia das Letras, 2008.

SCOTT, David. A Revolution of Love: The Meaning of Mother Teresa. Chicago: Loyola Press, 2005.

SILVA, Joaquim. PENNA, J. B. Damasco. História do Brasil. São Paulo: Cia. Editora Nacional, 1967.

SIMON, Julia. Mass Enlightenment. Albany: State University of New York Press, 1995.

SMITH, Elbert B. The Presidencies of Zachary Taylor and Millard Fillmore. University Press of Kansas:
1988.

SMITH, Jean Edward. FDR. New York: Random House, 2008.

SOLOMON, Maynard. Mozart: a Life. New York: Harper Collins, 2006.

SPARKS, Jared. The life of Benjamin Franklin. New York: US History.org, 2008.

SPINK, Kathryn. Mother Teresa: A Complete Authorized Biography. New York: HarperOne, 1998.

STAN LAUREL, in http://www.laurel-and-hardy.com/

STEEGMULLER, Francis. Cocteau, A Biography. Boston: David R. Godine, 1970.

STONE, I. F. O Julgamento de Sócrates; São Paulo: Companhia das Letras, 2005.

SUETÔNIO. A Vida dos Doze Césares. São Paulo: Prestigio, 2002.

SULERI, Z. A. Shaheed-e-Millat Liaquat Ali Khan, builder of Pakistan. London: Heinemann, 1966.

Summary of various accounts of Che Guevara's Death at George Washington University, 1975.

SUTHERLAND, John. The Life of Walter Scott. Hoboken: John Wiley and Sons, 1998.

SWANSON, James L. Manhunt: The 12-day chase for Abraham Lincoln's Killer. Pensilvania: Piatkus Books, 2006.

THE EXECUTION OF MARY QUEEN OF SCOTS http://tudorhistory.org/primary/exmary.html

THE LIFE AND WORK OF LORD BYRON http://www.englishhistory.net/byron/

TITO LIVIO: História Romana. São Paulo: Crisálida, 2008.

TOYNBEE, Jason. Bob Marley. Hoboken: John Wiley and Sons, 1998.

TREVELYAN, Raleigh. Sir Walter Raleigh. London: Penguin Books, 2003.

TUFESCU, Florina. Oscar Wilde's Plagiarism: The Triumph of Art over Ego. Dublin: Irish Academic Press, 2008.

ULLMANN, Reinholdo Aloysio. Epicuro, o Filósofo da Alegria; Porto Alegre: EDIPUCRS, 2006.

VADAKAN, M.D., Vibul V. A physician look at the death of Washington. Early America Review. Archiving Early America, 2005.

VANCE, Jeffrey. Chaplin: Genius of the Cinema. New York: Abrams, 2003.

VINCENT, Bernard; SIMÕES, Julia da Rosa. Luís XVI. Porto Alegre: L&PM Editores, 2007.

VOVELLE, Michel. Revolução Francesa. Lisboa: Edições 70, 2007.

WALLIS, Michael. Billy the Kid: The Endless Ride. New York: W. W. Norton, 2007.

WATSON, Francis. The Death of George V. London: History Today, 1986

WICKS, Robert. Friedrich Nietzsche. Stanford: The Stanford Encyclopedia of Philosophy, 2004.

WILLIAMS, John R. The Life of Goethe. Hoboken: John Wiley and Sons, 2004.

GRANDES CLÁSSICOS EM EDIÇÕES BILÍNGUES

O RETRATO DE DORIAN GRAY
Oscar Wilde
Inglês / Português

O MORRO DOS VENTOS UIVANTES
Emily Brontë
Inglês / Português

O ESTRANHO CASO DO DOUTOR JEKYLL E DO SENHOR HYDE
Robert Louis Stevenson
Inglês / Português

ORGULHO E PRECONCEITO
Jane Austen
Inglês / Português

UMA DEFESA DA POESIA
Percy Shelley
Inglês / Português

A MORADORA DE WILDFELL HALL
Anne Brontë
Inglês / Português

MEDITAÇÕES
John Donne
Inglês / Português

O ÚLTIMO HOMEM
Mary Shelley
Inglês / Português

O HOMEM QUE QUERIA SER REI
Rudyard Kipling
Inglês / Português

PERSUASÃO
Jane Austen
Inglês / Português

AS CRÔNICAS DO BRASIL
Rudyard Kipling
Inglês / Português

CONTOS COMPLETOS
Oscar Wilde
Inglês / Português